小学4年 漢字

1 ──の漢字の読みがなを書きましょう。 （一つ3点）

① （　　　） 世界 のニュース。

② （　　　） 湯の 温度 をはかる。

③ （　　　） めずらしい 動物。

④ （　　　） 筆箱 を 買う。

⑤ （　　　） 体育館に 集合 する。

⑥ （　　　） 花の 写真 をとる。

⑦ （　　　） 平等 に 分ける。

⑧ （　　　） 手品 を 見せる。

⑨ （　　　） 緑色 のこんい。

⑩ （　　　） 味を 調整 する。

⑪ （　　　） コップに水を 注ぐ。

⑫ （　　　） サッカーの 練習。

⑬ （　　　） 季節に合った 洋服 を 着る。

⑭ （　　　）（　　　） 本を読んだ 感想 を 発表 する。

漢字を知ってトク！ 大昔の日本の「やまと言葉」には文字がなかった。漢字が伝わり、その後平仮名がたかたかなができたんだよ。

3 風景に関係のある漢字を書きましょう。（1つ4点）

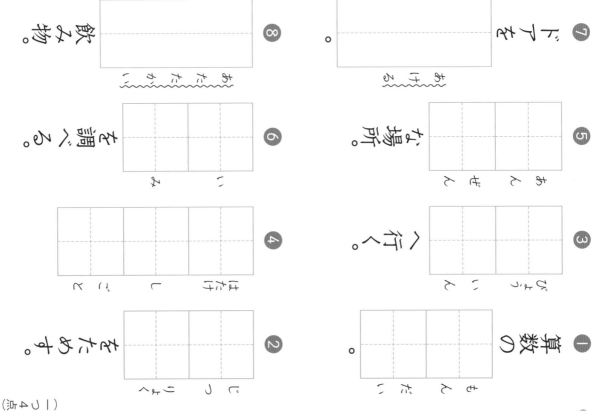

① ［太陽（たいよう）］がのぼる。
② ［波（なみ）］の音。
③ ［港（みなと）］を目指す。
④ ［島（しま）］に行く。
⑤ ［湖（みずうみ）］で遊ぶ。

2 漢字を書きましょう。（　　）は、漢字と送りがなで書きましょう。（1つ4点）

① 算数の［問題（もんだい）］。
② ［処理（しょり）］をたしかめる。
③ ［病院（びょういん）］へ行く。
④ ［畑仕事（はたけしごと）］。
⑤ ［安全（あんぜん）］な場所。
⑥ ［意味（いみ）］を調べる。
⑦ ドアを（［開ける（あける）］）。
⑧ （［温かい（あたたかい）］）飲み物。

2 連・続・関・伝・達

連

まちがえやすいところ
長く

読み方
音 レン
訓 つらなる・つらねる・つれる

言葉
連休
連れ立つ
連休
連勝
連山

注意
送りがなを「連らなる」としないようにしましょう。

一画で

筆順	5画

10画　一 ナ 百 自 申 車 車 連 連

続

読み方
音 ゾク・ショク
訓 つづく・つづける

言葉
連続
続出
続行
続く

注意
「ル」を「几」と書かないようにしましょう。
続 ×

止める

筆順 1 2 3 4	13画

13画　乡 幺 糸 糸 紅 紅 紅 結 結 結 続 続 続

関

ある
止める
はねる

読み方
音 カン
訓 せき・かかわる

言葉
関所
関わり合う
関係
関連

注意
「間」が形にたにた字があるので注意しましょう。

14画　一 丨 門 門 門 門 門 門 門 閂 閅 関 関

伝

上より長く
止める
ある

読み方
音 デン
訓 つたわる・つたえる・つたう

言葉
伝記
思いを伝える
言い伝え

ポイント
「手伝う」があります。
特別な読み方
てつだう

6画　亻 イ 仁 仁 伝 伝

達

横画は三本

読み方
音 タツ

言葉
発達
上達
速達
配達

ポイント
「友達」があります。
特別な読み方
ともだち

一画で

12画　一 十 土 土 走 幸 幸 幸 達 達 達 達

1

□に漢字を書きましょう。
（うすい字はなぞりましょう。）
（一つ4点）

① □□□ なる

② れん ぞく

③ かん けい　貫通しスタート！

④ かか わる

⑤ でん き

⑥ つた える

⑦ 発 たつ　はっ たつ

◆……まちがえやすい漢字

2 ——の漢字の読みがなを書きましょう。（1つ4点）

① チームが連勝する。（　　　　）

② 速達で手紙を出す。（　　　　）
速達＝そくたつ：ふつうのゆうびんよりはやくとどくようにした、とくべつなゆうびん。

③ 雨がふり続く。（　　　　）

④ 伝言を残す。（　　　　）

⑤ 連れ立って歩く。（　　　　）
連立＝れんりつ：いくつかがつらなって立つこと。

⑥ 昔の関所のあと。（　　　　）
関所＝せきしょ：むかし、国と国の関所で、通る人やものを取りしまっていたところ。

⑦ 試合を続行する。（　　　　）

⑧ 音楽に関心をもつ。（　　　　）

3 ——は漢字を、——は漢字と送りがな を書きましょう。（1つ5点）

① □□が深い。（かんけいがふかい）

② 野口英世の□□。（でんき）

③ 文明が□□する。（はってんする）

④ 人と□かり□う。（かかわりあう）

⑤ □□買った本。（はじめて）

⑥ □□ドラマを見る。（れんぞく）

⑦ □□を思い出す。（たとえ）

⑧ 山が□□。（つらなる）

漢字を知るとヒント！「関心」は、心を引かれること、または、もっと知りたいと思うこと。「感心」は、りっぱだなどと心に強く感じることだよ。

6

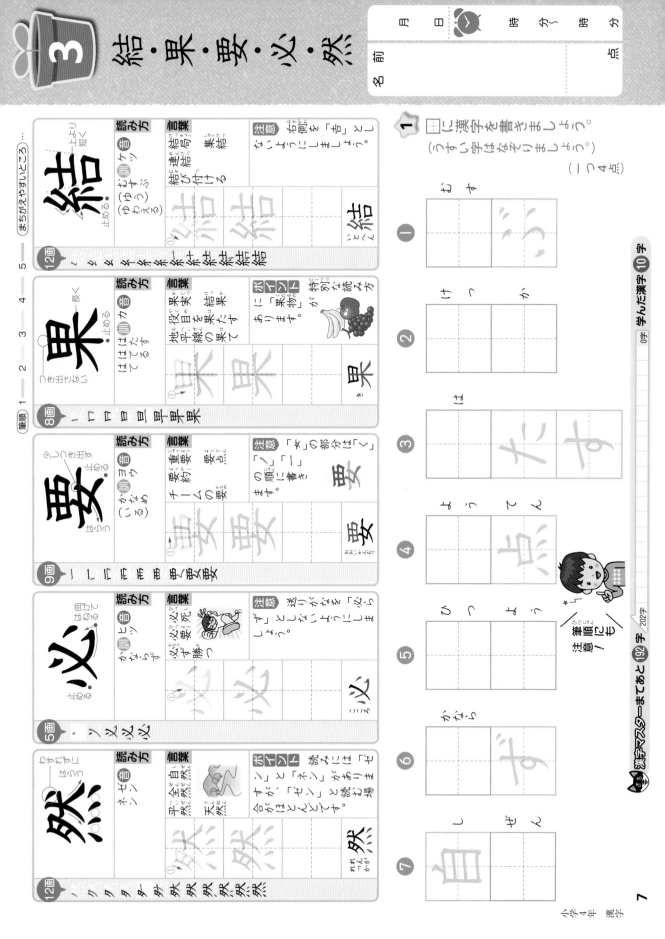

3 結・果・要・必・然

月　日　　時　分〜時　分

名前

点

まちがえやすいところ…

結
上より短く　止める
止める

読み方
ケツ（音）
むすぶ（訓）
（ゆわえる）

言葉
結び付ける
連結
結句
集結

注意
右側を「吉」としないようにしましょう。

ことごとく

12画
く　幺　幺　糸　糸　糸　紅　紅　結　結　結　結

筆順

果
長く　止める
止める

読み方
カ（音）
はたす・はてる・はて（訓）

言葉
地平線の果て
役目を果たす
結果
果実

ポイント
「果物」が特別な読み方です。にあります。

果き

8画
一　ｎ　Ｈ　日　旦　甲　早　果

要
止め　止め　はらう

読み方
ヨウ（音）
（かなめ）・いる（訓）

言葉
要点
重要
要約
チームの要

注意
「女」の部分は「く」「ノ」「一」の順に書きます。

おもかじ

9画
一　ｌ　Ｈ　Ｈ　Ｈ　西　要　要　要

必
止める　止める　はねる

読み方
ヒツ（音）
かならず（訓）

言葉
必勝
必死
必要
必ず

注意
送りがなを「必らず」としないようにしましょう。

こころ

5画
ヽ　ソ　义　必　必

然
はねる　はらう

読み方
ゼン・ネン（音）

言葉
天然
全然
平然
自然

ポイント
読みに「ネン」があります。「ゼン」と読む場合がほとんどです。

れんが・れっか

12画
ノ　カ　タ　タ　タ　タ　外　外　然　然　然　然

1 □に漢字を書きましょう。
（うすい字はなぞりましょう。）
（一つ4点）

① む　す

② け　つ　か

③ は　た　す

④ よ　う　て　ん

⑤ ひ　つ　よ　う

注意！筆順も！

⑥ かなら　ず

⑦ し　ぜん

学んだ漢字 10字
0字

漢字マスターまであと 192字　学んだ漢字 202字

小学4年　漢字

7

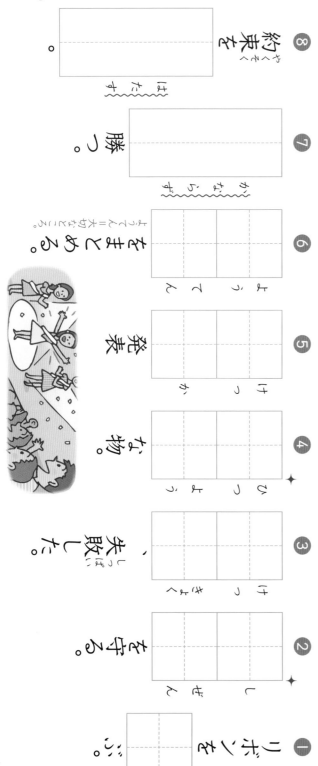

② 次の漢字の読みがなを書きます。（1つ4点）

◆…まちがえやすい漢字

1 ◆赤い果実。
（　　）

2 文章を要約する。（要約＝大切なところを短くまとめること。）
（　　）

3 ◆天然のおゆ。
（　　）

4 車両を連結する。
（　　）

5 必死に走る。
（　　）

6 地平線の果て。
（　　）

7 チームの要となる。（要＝最も大切なところ。）
（　　）

8 全然つかれない。
（　　）

③ 次の漢字を書きましょう。送りがなは漢字と送りがなで書きましょう。（1つ5点）

1 リボンをむすぶ。

2 しせつを守る。

3 けってん、失敗した。

4 ◆ひつような物。

5 けっか発表。

6 ようてんをまとめる。（要点＝大切なところ。）

7 かならず勝つ。

8 約束をはたす。

漢字を知ットク！ 「要」の部首は「西（おおいかんむり）」。漢字辞典では「西」の部首にまとめられることが多いけれど、方角の西とは関係ない。

8

（筆順）

観

まちがえやすいところ

つき出さない
は曲げてつ（かねる）

読み方
音 カン

言葉
観客
観光

ポイント
「見る」という意味の他に、「ものの見方」という意味もあります。

観目る

18画　　　、　、　ヶ　オ　キ　キ　年　年　年　午　年　年　年　隺　睢　観　観

察

はらう　止める

読み方
音 サツ

言葉
考察
察知

注意
「夕」を「タ」と書かないようにしましょう。
×察

察

14画

標

つき出さない　止める

読み方
音 ヒョウ

言葉
標識
標語
標本

ポイント
目じるしやめやすという意味があります。

標

15画

料

つき出す　止める

読み方
音 リョウ

言葉
料理
料金
資料
入場料

ポイント
「斗」は「や」や「ます」など物を量ることに関係がある字に付きます。

料とます

10画　　、　ソ　ソ　半　米　米　米　料

村

少しつき出す　はらう

読み方
音 ソン

言葉
木村
村人
取材

ポイント
「木」「村」「料」を覚えよう。

才能

村さく

7画　　一　十　オ　木　术　村　村

1

□に漢字を書きましょう。
（うすい字はなぞりましょう。）
（一つ4点）

① かん きゃく → 観客

② かん さつ

③ こう さつ → 考

④ もく ひょう → 目

⑤ りょう り → 理

⑥ ざい りょう

⑦ しゅ ざい → 取

がんばろう！

漢字を知っトク!

「察」を使った表現には、「察する（だいたいこうだろうと考える）」、「察しがつく（予測がつく）」などがあるよ。

---

2 ◆…まちがえやすい漢字

ーしょうの漢字の読みがなを書きましょう。（1つ4点）

① 木材を使う。（　　）

② 資料を配る。（　　）

③ 市内を観光する。（　　）

④ 気配を察知する。（　　）
> 察知＝様子や知らせを気づいて知ること。

⑤ 美しい外観のビル。（　　）
> 外観＝外から見た様子・すがた。

⑥ 題材をさがす。（　　）

⑦ 交通安全の標語。（　　）
> 標語＝考えや主張などを決まりやなどを短く表した言葉。

⑧ 特急料金をはらう。（　　）

3

ーしょうの漢字を書きましょう。（1つ5点）

① □□を作る。

② 植物を□□する。

③ □□の□□。
> 標本＝動物や植物の実物のほん。

④ □□をかえる。

⑤ 次の□□。

⑥ □□席。

⑦ 深く□□する。
> 調査＝いろいろと調べること。

⑧ 記者が□□する。

月　日　時　分〜時　分

名前　　　　　点

まちがえやすいところ

筆順　1 — 2 — 3 — 4 — 5

信

止める

読み方：シン

言葉：信じる／信号／信用

ポイント：「信号」「通信」などの「信」は「合図」「たより」という意味です。

9画：ノ　イ　イ　仁　仨　信　信　信　信

望

そら／のぞむ

読み方：ボウ（モウ）の訓／のぞむ

言葉：望む／望遠鏡／有望／待望

注意：右上の「月」は「月」とは形がちがいます。右のたて画を少しそらして書きます。

11画：＼　亠　亡　亡　妄　妄　竝　望　望　望　望

念

はねる／曲げる／止める

読み方：ネン

言葉：念じる／信念／記念／残念

注意：上の部分を「令」としないようにしましょう。×念

8画：ノ　入　个　今　今　念　念　念

希

長く／はねる／つき出す

読み方：キ

言葉：希望／希少／希求

注意：「布」は「ノ」より「一」を先に書きます。

7画：ノ　メ　ナ　产　产　希　希

願

左下へ／止める／はねる

読み方：ガン／ねがう

言葉：願い／願書／念願

注意：左側は「原」です。「願」は「ゲン」とは読みません。

19画：一　厂　厂　戶　厈　原　原　原　原　原　原　原　原　願　願　願　願　願　願

---

① し ん ごう

② ゆ う ぼ う

③ の ぞ む

④ き ね ん

⑤ き ぼ う

⑥ が ん ぼ う

⑦ ね が う

きれいに書けたかな？

0字　学んだ漢字 20字

漢字マスターまであと 182字　202字

2 6「望」を「ぼう」「のぞ(む)」と読まないようにしましょう。

漢字を知っトク！

「望」は、ねがうという意味。他に、遠くをながめるという意味もあるんだよ。例 望遠鏡

2

◆……まちがえやすい漢字

──の漢字の読みがなを書きましょう。(1つ4点)

① 信念をつらぬく。（　　　　）
信念＝正しいと信じる自分の考え。

② 望みをかける。（　　　　）

③ 自信をもつ。（　　　　）

④ 念のために調べる。（　　　　）

⑤ 電波を受信する。（　　　　）

⑥ 望遠鏡で星を見る。（　　　　）

⑦ 入学の願書を出す。（　　　　）
願書＝ねがいごとをしるした文書。

⑧ 希少な品物。（　　　　）
希少＝数が少なくてめずらしいこと。

3

──は漢字を書きましょう。（　）は送りがなで書きましょう。(1つ5点)

① が □□ になう。

② 会えなくて残（　ね　ん　）だ。

③ ゆうぼうな人物。 □□

④ しんじがないになる。 □□

⑤ きぼうする。 □□

⑥ 写真。 □□

⑦ 友達をしん（　じ　る　）。 □

⑧ 成功を（　ねが　）う。 □

6 かくにんテスト 1

1 ──の漢字の読みがなを書きましょう。

（一つ4点）

① 新しい 観点 をしめす。　（　　　）

② グラフをもとに 考察 する。　（　　　）

③ 平和を 希求 する。　（　　　）
希求＝願い求めること。

④ 努力 を 続ける。　（　　　）

⑤ 入場料 をはらう。　（　　　）

⑥ 待望 の夏休みが来る。　（　　　）

⑦ 自分の 願い を 伝える。　（　　　）（　　　）

⑧ ピアノの 上達 を 望む。　（　　　）

2 ──の漢字の読みがなを書きましょう。

（一つ2点）

① 必要 な 書類。　（　　　）

② 必ず できる。　（　　　）

③ 広場に 集結 する。　（　　　）

④ ひもを 結び付ける。　（　　　）

漢字を知ってトク！ 「希」は、のぞむという意味。他に、少ない、「希少」のように、めずらしいという意味もあるよ。

13

小学4年 漢字

漢字を知ットク！

「辶」(しんにょう・しんにゅう)は、「行く」「進む」などの動きにかかわる字に付くことが多い。

4 同じ部首をもつ漢字を書きましょう。(1つ3点)

② 物語の題□

① 交通□識（ひょう・しき）

③ 雪女の□説（せつ）

④ □人を用する。

3 漢字を書きましょう。（~~~は、漢字と送りがなで書きましょう。）(1つ4点)

① □□（か・れ・ん）を調べる。

② □□□（に・こ・は・せん）とした顔。

③ 弟を□（つ）れて行く。

④ □□（じゅう・よう）な意見だ。

⑤ □□（し・ょ・う）品を買う。

⑥ 気配を□□（さ・い・ち）する。

⑦ 問題が□□（ぞ・く・し）する。

⑧ □□□（ね・ん・が・く）の初勝利。

⑨ 責任を□□（は・た・す）。

⑩ 学問に深く□□（か・か・わ・る）。

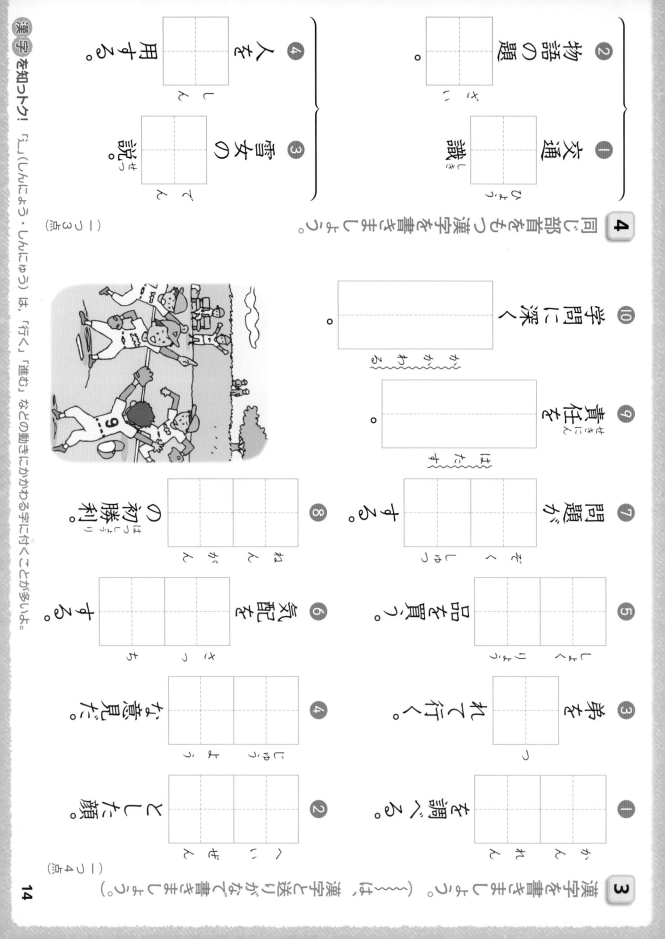

利・害・熱・冷・加

月　　日　　　時　分〜　時　分

前
名　　　　　　　　　　　　　　　　点

まちがえやすいところ……

利
はらう
止める。

7画　１ 二 チ 禾 禾 利

読み方〔音〕リ

言葉
利く・便利・勝利・利点・利用

ポイント
「利」は物事がうまく運ぶという意味や、その他の切れる意味もあります。

害
〔上や右がしないように〕
長く

10画　１ 一 宀 宀 中 生 生 害 害

読み方〔音〕ガイ

言葉
水害・災害・公害・有害

注意
「宀」を「王」と書かないようにしましょう。

熱
はねる〔つける〕

15画　１ 二 土 ≠ ≠ 素 素 教 執 執 執 熱 熱 熱 熱

読み方〔音〕ネツ〔訓〕あつい

言葉
熱湯・熱意・熱帯魚・発熱

注意
物の温度が高いときは「熱い」を使い、「暑い」との使い分けに注意しましょう。

冷
つける おる

7画　１ 丶 冫 冫 冷 冷 冷

読み方〔音〕レイ〔訓〕つめたい・ひえる・ひや・ひやす・ひやかす・さめる・さます

言葉
冷気・冷静・風が冷たい・冷やす

注意
「冫」(にすい)を「氵」(さんずい)にしないようにしましょう。

加
おる はねる〔上や右がしない〕

5画　１ フ カ 加 加 加

読み方〔音〕カ〔訓〕くわえる・くわわる

言葉
参加・加工・追加・書き加える

注意
左側を「刀」と書かないようにしましょう。
○加 ×加

1 □に漢字を書きましょう。
（うすい字はなぞりましょう。）
（一つ4点）

① り よう　[利][用]

② すい がい　[水][害]

③ ねつ い　[熱][意]

④ れい せい　[冷][静]

覚えよう！送りがなも
静[しず]か

⑤ つ め た い　[冷][た][い]

⑥ か こう　[加][工]

⑦ くわ え る　[加][え][る]

漢字マスターまであと171字　202字
学んだ漢字 25字
0字

小学4年　漢字

④「必」は、「ぬ（に）」、「つ（う）」、「づ（う）」、「な（め）」、…な…の訓があ…ます。

②

★…まちがえやすい漢字

②つぎの漢字の読みがなを書きましょう。（1つ4点）

① 勝利をつかむ。（　　　）

② 熱い湯を注ぐ。（　　　）

③ 公害問題に取り組む。（　　　）
（公害＝人々の生活をおびやかすこと、くらしにあたえる害）

④ 冷やあせが出る。（　　　）
（なにかにおびえたり、きんちょうしたりしたときにからだに出るあせ）

⑤ 注文を追加する。（　　　）
（ちゅうもんのあとからたされるぶんのこと）

⑥ 有害なガス。（　　　）

⑦ 冷めたスープを飲む。（　　　）

⑧ 熱意が伝わる。（　　　）

③

③つぎの□には漢字を、〔　〕には漢字と送りがなを書きましょう。（1つ5点）

① □□が起きる。

② □□ガスを□□する。

③ □□品を買う。
（原料から作られた品物＝製品）

④ □魚（たい）

⑤ 便べんり な道具。

⑥ 静せい な判断。

⑦ 塩を〔　　　〕。（くわえる）

⑧ 風が〔　　　〕。（つよまる）

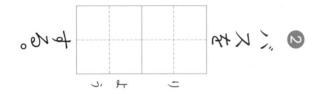

漢字を知っトク！「害」の反対の意味の漢字には「利」がある。「利害」（得をすることとそんをすること）という言葉もあるよ。

試・験・順・卒・録

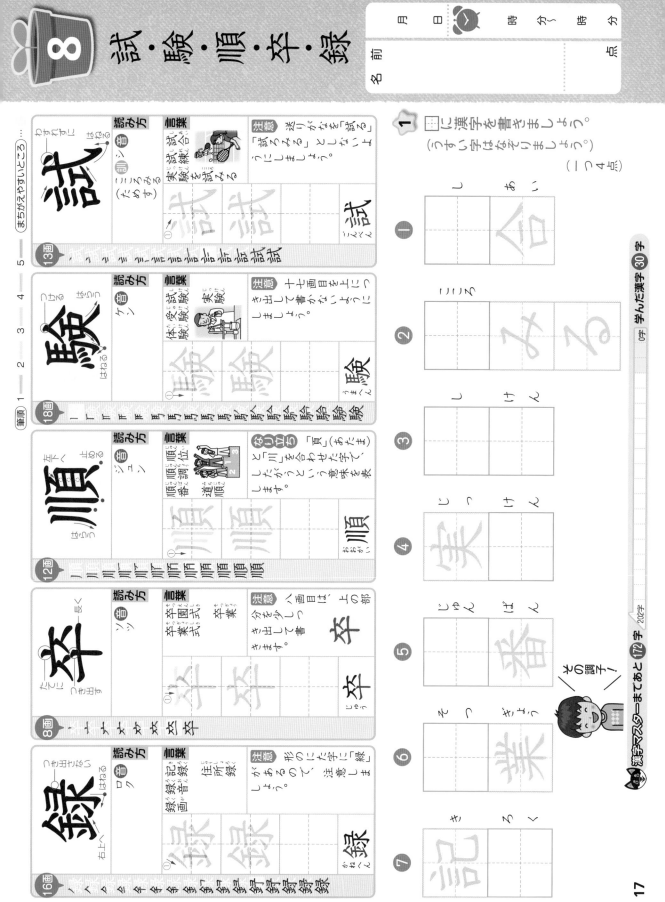

まちがえやすいところ

試

読み方	言葉	注意
音 シ 訓 こころ（みる） （ためす）	実験を試みる 試し 練習	送りがなを「試る」としないように。「試みる」にしましょう。

13画　` 言 言 言 言 試 試 試 試`

験

読み方	言葉	注意
音 ケン ゲン 訓 はらう はねる	実験 体験 受験 試験	十七画目を上につき出して書かないようにしましょう。

18画　` 馬 馬 験 験`

順

読み方	言葉	なりたち
音 ジュン	順位 順に調べる 道順 順番	「川」と「頁（あたま）」を合わせた字で、したがうという意味を表しています。

12画　` 川 順 順`

卒

読み方	言葉	注意
音 ソツ	卒業式 卒園 卒業	八画目は上の部分を少し出して書きます。

8画　` 卒 卒`

録

読み方	言葉	注意
音 ロク	記録 住所録 録音	「緑」に形がにているので、注意しましょう。

16画　` 金 録 録`

1　□に漢字を書きましょう。
（うすい字はなぞりましょう。）
（一つ4点）

① □し合 → 試合

② こころみる → 試みる

③ □けん → 試験

④ 実□けん → 実験

⑤ □じゅん番 → 順番

⑥ □そつぎょう → 卒業

⑦ き□ろく → 記録

その調子！

◆…まちがえやすい漢字

2

ーの漢字の読みがなを書きま
しょう。
（1点×4つ）

① 大学を受験する。
（　　　　　）

② 試験を乗りこえる。
（　　　　　）
試験=漢字やものごとについて、たしかめること。

③ ドラマを録画する。
（　　　　　）
録画=えいぞうをきろくすること。

④ 順位をつける。
（　　　　　）

⑤ 楽しい体験。
（　　　　　）

⑥ 道順を教える。
（　　　　　）

⑦ 住所線を作る。
（　　　　　）
住所線=人の名前と住所を書きとめたもの。

⑧ ようち園の卒園式。
（　　　　　）

3

ーの漢字を書きましょう。送
りがなも、漢字を書きましょ
う。
（1点×5つ）

① □□□を待つ。
　 じ　は　ん

② 学校を□□する。
　 そ　つ　ぎょう

③ □□室の日。
　 じ　っ　けん

④ □□の日。
　 お　し　ろ

⑤ □□に残す。
　 き　ろ　く

⑥ □□を受ける。
　 し　け　ん

⑦ 声を□□する。
　 ろ　く　おん

⑧ 一人旅を□□□□□。

漢字を知ってトク！
九十さいのことを「卒寿」という。これは、「卒」を省略して書いた「卆」という字が、「九十」と読めるからだよ。

18

好・愛・祝・賀・笑

好

まちがえやすいところ…

少しつき出す
右上にはらう
つき出す
とめる
はらう

読み方
（音）コウ
（訓）すく・このむ

言葉
好き・好物・好調
食べ物の好き
きらい
調べ物
友好

なり立ち
「女」と「子」を合わせた字で、女の人が子どもをかわいがる様子を表しています。

① 好　好
友好 ゆうこう

筆順 1 — 2 — 3 — 4 — 5
6画 く　女　女　好　好　好

愛

何も□に注意

読み方
（音）アイ

言葉
愛が愛読書
愛する・愛用
可愛い

注意
「⺍」を「⺊」と書かないようにしましょう。

① 愛　愛
愛 こころ

13画 ⺍ ⺍ ⺍ ⺍ ⺊ ⺊ 愛 愛 愛 愛 愛 愛 愛

祝

曲げてはねる

読み方
（音）シュク・シュウ
（訓）いわう

言葉
祝う・祝日・祝福・お祝いの品物

ポイント
「ネ」は神や祭りに関係する漢字に付きます。「ネ」と書かないようにしましょう。

① 祝　祝
祝 しゅく日 じつ

9画 ` ´ ⻂ ネ ネ ネ 祝 祝 祝

賀

平らに
止める

読み方
（音）ガ

言葉
年賀・賀正・祝賀会
年賀状
賀正

なり立ち
「貝」（お金や品物）と「加」（意味を表しています。

① 賀　賀
賀 にっか

12画 ⁊ カ カ カ カ 加 智 智 賀 賀 賀 賀

笑

はらう

読み方
（音）ショウ
（訓）わらう・えむ

言葉
笑う・笑い・笑声・お笑い話

注意
「天」を「夫」と書かないようにしましょう。

① 笑　笑
笑 わらう

10画 ⺮ ⺮ ⺮ ⺮ ⺮ ⺮ 竺 竺 笑 笑

□に漢字を書きましょう。
（うすい字はなぞりましょう。）
（一つ4点）

① ゆう　こう
友

② す

③ あい　けん
犬
／しゅくじつ
／ゆっくり
かね。

④ しゅく　じつ
日

⑤ いわ

⑥ ねん　が　じょう
年　状

⑦ わら

学んだ漢字 35字／0字

漢字マスターまであと 167字 202字

2 ──の漢字の読みがなを書きましょう。

◆…まちがえやすい漢字

(1つ4点)

① 明るい笑い声。 ◆ （　　）
② 愛着のある毛布。 ◆ （　　）
③ 売れ行きが好調だ。 （　　）
④ 合格を祝福する。 （　　）
⑤ 年賀はがきを買う。 （　　）
⑥ 好みの食べ物。 （　　）
⑦ 愛読書をすすめる。 （　　）
⑧ にっこりと笑う。 （　　）

3 送りがなに気をつけて、（　）には漢字を、___には漢字と送りがなを書きましょう。

(1つ5点)

① あい　くび　わ 犬の首輪。 ◆
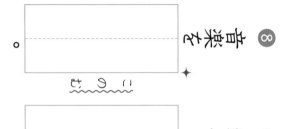

② ゆう　じょう を深める。

③ でん　しゃ に出かける。
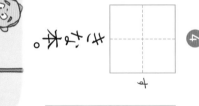

④ すきな本。

⑤ わら い話。

⑥ しゅ　かん　し を開く。
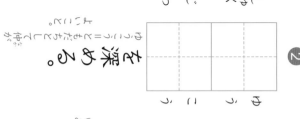

⑦ しん　ねん 新年を。 ○

⑧ 音楽を。 ○

漢字を知っトク！ 年賀状に「新年おめでとう」という意味で「賀春」と書くこともできるよ。

20

成・功・失・敗・省

10

成

まちがえやすいところ……

かすれに　はねる

読み方 音セイ（ジョウ）　訓なる・なす

言葉 成長する　成り立ち　成功する　成績

ポイント 「戈」は、武器や戦争に関係する漢字に付きます。

6画　ノ厂厂成成成

功

右上へ　つき出す　はねる

読み方 音コウ（ク）

言葉 成功　功績　功労

注意 右側は「力」です。「刀」と書かないようにしましょう。

5画　一丁工功功

失

つき出す　長く

読み方 音シツ　訓うしなう

言葉 失う　失礼　失望　失敗

成り立ち 手の中の物が落ちる様子を表した字で、「なくす」という意味を表します。

5画　ノ二牛失

敗

はねる

読み方 音ハイ　訓やぶれる

言葉 試合に敗れる　敗者　敗北　勝敗

ポイント 「敗」は「勝」と反対の意味の漢字で、「勝敗」として覚えましょう。

11画　敗

省

止める

読み方 音セイ・ショウ　訓かえりみる・はぶく

言葉 省略　省く　反省　説明を省く

注意 下の部分を「日」と書かないようにしましょう。

9画　省

筆順 1 2 3 4 5

1

□に漢字を書きましょう。
（うすい字はなぞりましょう。）
（一つ4点）

① な（す）

② せい こう

③ うしな（う）

④ しっ ぱい

⑤ やぶ（れる）

⑥ はん せい

⑦ はぶ（く）

40点

学んだ漢字 40字　0字

漢字マスターまであと162字　202字

②

しょうの──漢字の読みがなを書きます
（4つ1点）

◆…まちがえやすい漢字

① むだを省く（ ）◆

② 功労をみとめる（ ）
（功労＝ことをなしとげた努力のこと）

③ 勝敗を決する（ ）

④ 子が成長する（ ）◆

⑤ 敗北に終わる（ ）◆

⑥ 正月に帰省する（ ）
（帰省＝はなれてくらす場所から家へ帰ること）

⑦ 事業を成しとげる（ ）

⑧ 失礼をわびる（ ）

③

漢字を書きましょう。漢字と送りがなで書きましょう。（一つ5点）

① 実験が□□□する。
　　　　　せ　い　こう

② 文章を□□略する。
　　　　　しょう

③ 漢字の□□り立ち。
　　　　　な

④ □□□く。
　　　し　は　い

⑤ 深く□□□す。
　　　は　ん　せい

⑥ 成績をたたえる／□□□く
（成績＝したことのできばえ・働きのこと）
　　　　　　　　は　た　らく

⑦ 気を□□□う。◆
　　　く　ば

⑧ 試合に□□□。
　　　　や　ぶ　れる

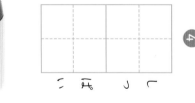
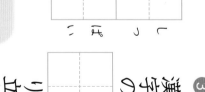

漢字を知っトク！「失」の反対の意味の漢字は「得」。「失点（点をうしなう）」⇔「得点（点を取る）」という言葉もあるよ。

月　日　●目標 15 分

名前　　　　　　点

1 ——の漢字の読みがなを書きましょう。　（一つ4点）

① 卒業式 をむかえる。　（　　　）

② 結果に 失望 する。　（　　　）

③ 「賀正」と書く。　（　　　）

④ 作文に書き 加 える。　（　　　）

⑤ 決勝戦で 敗 れる。　（　　　）

⑥ 利点 を生かす。　（　　　）

⑦ 実験を 試 みる。　（　　　）

⑧ 付録 のカレンダー。　（　　　）

⑨ 好 きな 競技 を 熱心 に見る。　（　　　）（　　　）

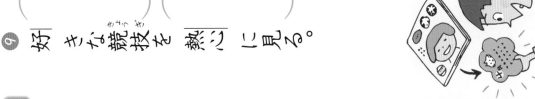

2 ——の漢字の読みがなを書きましょう。　（一つ2点）

① 朝の 冷気。　（　　　）

② 水が 冷 たい。　（　　　）

③ 祝日 の予定。　（　　　）

④ 祝 いの品をおくる。　（　　　）

漢字を知ろコトク！「冷」の部首は「冫」（にすい）。「冫」（にすい）は、氷や寒さに関わる字に付くことが多いよ。

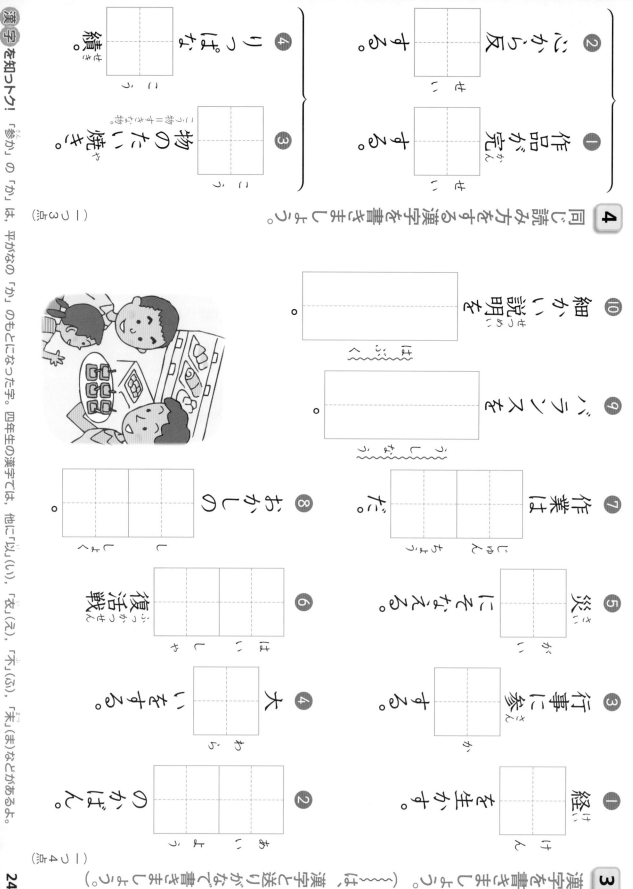

4 同じ読み方をする漢字を書きましょう。(3点1つ)

{ ① 作品が完□する。
{ ② 心から反□する。

{ ③ 物のたい□焼き。（すき物＝すきなもの）
{ ④ りっぱな□績を残す。

3 漢字を書きましょう。（　）は、漢字と送りがなで書きましょう。(4点1つ)

① 経□（けい・けん）を生かす。

② 大□□（おお・あ・い）のばん。

③ 行事に参□（さん・か）する。

④ 大□□（おお・わ・らい）をする。

⑤ 災□（さい・がい）にそなえる。

⑥ 復活□（ふっ・かつ・せん）を□□する。

⑦ 作業は□□□（じゅん・ちょう）だ。

⑧ おかしの□□□（はっ・し・く）。

⑨ ダンスを□□□□（　）だ。

⑩ 細かい説明を□□□□（　）。

月　日　　時　分〜　時　分

前

名

点

案

まちがえやすいところ……

少しつき出す

止める

読み方　音 アン

言葉
答案
図案
名案
提案
案内

注意　部首は「宀」で、「木」ではない。

案

き

10画　一　宀　安　安　安　案　案

筆順 1 — 2 — 3 — 4 — 5

種

はらう　止める

読み方　音 シュ　訓 たね

言葉
種品種
種目
種子

ナゾトレ　「禾」に関する漢字に付きます。

種

たねぎくん

14画　一　二　千　禾　禾　禾　禾　秆　秆　秆　種　種　種

類

左下へ　止める

読み方　音 ルイ　訓 たぐい

言葉
人類
種類
分類
書類

注意　左側を「米」と書かないようにしましょう。
類 ×

類

おおがい

18画　丶　丷　丷　米　米　米　米　米　类　类　类　類　類　類　類　類　類

例

はねる　止める　つける　止める

読み方　音 レイ　訓 たとえる

言葉
例文
例外
例題
例えば

注意　右側は「列」です。「例」は読みません。

例

にんべん

8画　丿　亻　仃　�　伢　例　例　例

印

はねる　はねる

読み方　音 イン　訓 しるし

言葉
目印
印象
矢印

なりたち　「E」(手)で人をおさえつける様子を表し、後に「しるし」という意味になりました。

印

ふしづくり

6画　印　E　F　E7　印　印

---

1 □に漢字を書きましょう。
（うすい字はなぞりましょう。）
（一つ4点）

① お　ん　な　い
　　　　内

② た　ね　まき
　　　まき

③ し　ゅ　る　い

④ れ　い　ぶ　ん
　　　文
注意！ 止め・はね に

⑤ た　と　える
　　　　える

⑥ い　ん　し　ょう
　象

⑦ や　じ　る　し

学んだ漢字 45字　0字

漢字マスターまであと157字　202字

小学4年　漢字

25

◆…まちがえやすい漢字

② ──①の漢字の読みがなを書きます。
（1つ4点）

① 目印を付ける。
（　　　　　）

② 例題をとく。
（　　　　　）
例題＝たとえとして出している練習問題。

③ 人類の未来。
（　　　　　）

④ 学級会で提案する。
（　　　　　）

⑤ 例えば話をする。
（　　　　　）

⑥ 印かんをおす。
（　　　　　）

⑦ 同じ種類の仲間。
（　　　　　）
類＝同じなかまの仲間。

⑧ ひまわりの種子。
（　　　　　）

---

3 ──の漢字を書きましょう。送りがな（──）は漢字と送りがなで書きましょう。
（1つ5点）

① 植物の□□。★
しゅるい

② 家□□をする。
あんない

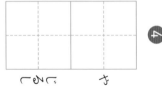

③ □まき
たね

④ □□□。
やしろ

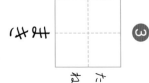

⑤ テストの□□□。★
とくてん

⑥ □□□□を作る。
われにもの

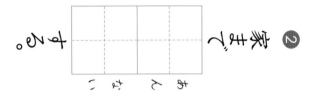

⑦ □□に残る。
いんしょう

⑧ 動物に□□□。
たとえる

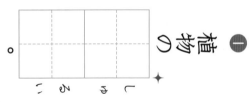

漢字を知っトク！「例」は「り」が付いているけれど、「リ」（りっとう）が部首ではない。部首は「イ」（にんべん）だよ。

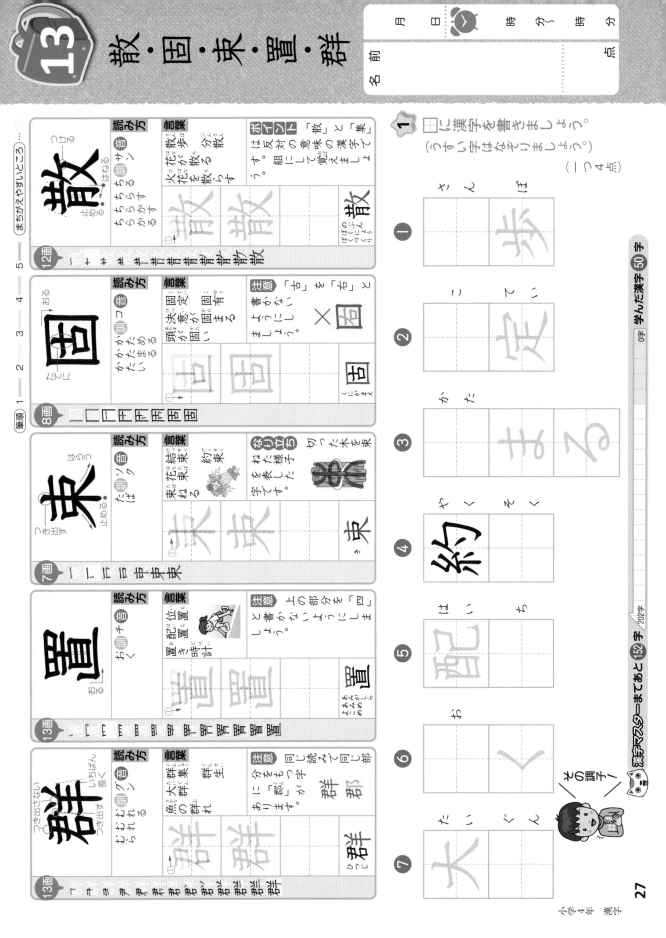

13 散・固・束・置・群

散

読み方　音 サン　訓 ちる・ちらす・ちらかす・ちらかる・はねる

言葉　散歩・花が散る・花を散らす・分散

まちがえやすいところ　つける・止める・はねる

12画　一 十 卄 卄 芹 芹 昔 昔 散 散 散

ポイント　「散」と「集」は反対の意味の漢字です。組にして覚えましょう。

固

読み方　音 コ　訓 かためる・かたまる・かたい

言葉　固定・頭が固い・決意が固まる

注意　「古」を「右」と書かないようにしましょう。×固

8画　1 冂 门 円 円 尚 固 固

束

読み方　音 ソク　訓 たば

言葉　束ねる・約束・花束・結束・ねた様子を表した字です。

なり立ち　木を切って束ねる

7画　一 ナ 亩 亩 束

置

読み方　音 チ　訓 おく

言葉　置く・配置・位置・置時計

注意　上の部分を「四」と書かないようにしましょう。

13画　1 冂 冂 罒 罒 署 署 署 罟 置 置

群

読み方　音 グン　訓 むれ・むれる・むら

言葉　大群・魚の群れ・群れ生

注意　同じ読みで同じ部分をもつ字があります。群・郡

13画　ユ ヨ 尹 尹 尹 君 君' 君' 君 群 群 群 群 群

1 □に漢字を書きましょう。

（うすい字はなぞりましょう。）

（一つ4点）

① さん ぽ　[散] [歩]

② こ てい　[固] [定]

③ か た　[固] まる

④ やく そく　[約] [束]

⑤ は い ち　[配] [置]

⑥ お く

⑦ たい ぐん　[大] [群]

その調子！

学んだ漢字 50字　0字
漢字マスターまであと 152字　202字

2

──の漢字の読みがなを書きましょう。(1つ4点)

◆…まちがえやすい漢字

① 花が散る。（　　　）

② 結束を強める。
〔結束＝結びつけ一つにまとめること。〕（　　　）

③ 頭が固い。
〔固い＝しっかりしていてかわらないこと。〕（　　　）

④ 星の位置を調べる。（　　　）

⑤ 羊の群れ。（　　　）

⑥ 地方固有の文化。
〔固有＝そのものだけにあること。特別なもの。〕（　　　）

⑦ 力を分散する。
〔分散＝分かれて散らばること。〕（　　　）

⑧ れんげが群生する。
〔群生＝同じ種類の植物などがむらがって生えていること。〕（　　　）

3

（　　）は、漢字を書きましょう。〔　　〕は漢字と送りがなで書きましょう。(1つ5点)

① □を守る。（やく）

② 人員を□□。（はたす）

③ 公園を□□する。（さんさく）

④ 家具を□□する。（いてん）

⑤ お□時計（おき・とけい）

⑥ 魚が□□。（むらがる）

⑦ 糸を□□。（たばねる）

⑧ 決意が□□。（かたまる）

漢字を知っトク！ すきまなくかためてある場合の「かたい」は「固い」と書く。からだなどがかたいなどの場合には、別の字を書くよ。

28

14 残・折・変・付・積

名前　　点　　月　日　時　分～　時　分

筆順 1 2 3 4 5 まちがえやすいところ…

残（10画）
一 ア 歹 歹 歹 歹 歼 残 残 残

わすれずに　はねる

読み方 音 ザン　訓 のこる　のこす

言葉 残金（ざんきん）　残暑（ざんしょ）　残雪（ざんせつ）　残念（ざんねん）　心に残る

注意 右上の点をわすれないように書きましょう。

がつへん／いちたへん／かばねへん　残

折（7画）
一 十 扌 扌 扩 折 折

はねる

読み方 音 セツ　訓 おる　おり　おれる

言葉 右折（うせつ）　折半（せっぱん）　ほねを折る　四季折折（折々）（しきおりおり）

ポイント 「おる」の他、「分ける」「とき」などの意味があります。

てへん　折

変（9画）
丶 亠 ナ 亣 亦 亦 亦 変 変

たてに　はらう

読み方 音 ヘン　訓 かわる　かえる

言葉 変化（へんか）　変形（へんけい）　変身（へんしん）　変動（へんどう）　うつり変わり

注意 下の部分を「又」と書かないようにしましょう。

すいにょう／ふゆがしら　変

付（5画）
ノ イ 亻 付 付

止める　はねる

読み方 音 フ　訓 つける　つく

言葉 付近（ふきん）　付録（ふろく）　わり付け　きずが付く

注意 「着く」との使い分けに注意。くっついてはなれなくなる場合は「付く」を使います。

にんべん　付

積（16画）
一 二 千 千 禾 禾 禾 秆 秆 秆 秸 秸 積 積 積 積

止める

読み方 音 セキ　訓 つむ　つもる

言葉 積極的（せっきょくてき）　体積（たいせき）　面積（めんせき）　積み木

ポイント 「積」には、かけ算の答えという意味もあります。

のぎへん　積

1 □に漢字を書きましょう。（うすい字はなぞりましょう。）（一つ4点）

① ざんねん（残念）
② のこる（残る）
③ おる（折る）
④ へんか（変化）
⑤ ふろく（付録）
⑥ めんせき（面積）
⑦ つむ（積む）

ていねいに書こう。

② 「横」は、「にすう」「さにす」になっています。「積」は、「のぎへん」をつけます。

2

◆…まちがえやすい漢字

——の漢字の読みがなを書きましょう （1つ4点）

① 積み木で遊ぶ。（　　）

② 残暑見まいのはがき。（　　）
（残暑＝夏の終わりになってもまだ暑いこと）

③ 費用を折半する。（　　）
（折半＝半分ずつに分けること）

④ 新聞のわり付け。（　　）

⑤ 四季折々の景色。（　　）
（折々＝その時その時）

⑥ 王子に変身する。（　　）

⑦ 積極的な行動。（　　）

⑧ 時のうつり変わり。（　　）

3

漢字は漢字で、送りがなはひらがなで書きましょう。（1つ5点）

① ＿＿が起きる。（へんか）

② 皿に＿＿がし。（もり）

③ ＿＿を計算する。（めんせき）

④ ＿＿事がすむ。（よう）

⑤ ＿＿ならせ。（しら）

⑥ ＿＿ぶく。

⑦ ＿＿色がわる。

⑧ ＿＿にのこる。

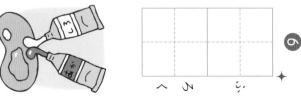
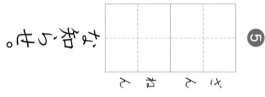

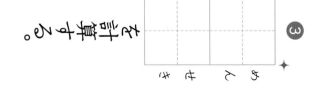

漢字を知っトク！
「積極的」は、自分から進んで物事をしようとする様子をいう。「積極的」の反対の意味の言葉は「消極的」だよ。

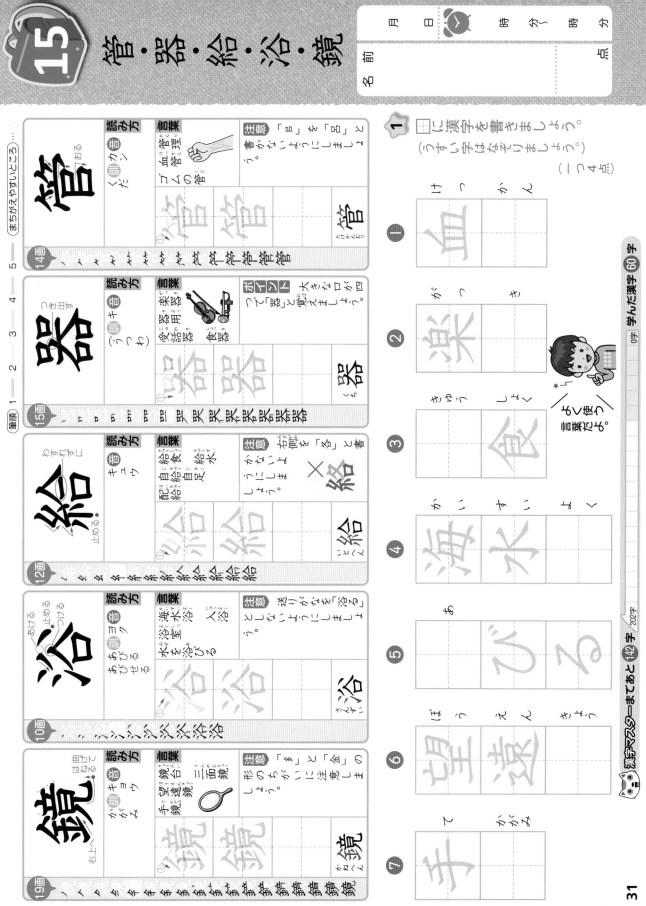

月　日　　時　分〜時　分

名前　　　　　　　　　点

まちがえやすいところ……

管

読み方　音　カン　訓　くだ

言葉　コムの管・血管・管理

注意　「官」を「宮」と書かないようにしましょう。

14画　管

器

読み方　音　キ　訓　（うつわ）

言葉　食器・器用・器楽・受話器

ポイント　大きな口が四つと「大」で「器」と覚えましょう。

15画　器

給

読み方　音　キュウ　訓　—

言葉　給食・配給・自給自足・給水

注意　右側を「各」と書きます。×絡

12画　給

浴

読み方　音　ヨク　訓　あびる・あびせる

言葉　海水浴・水浴び・浴室・入浴

注意　送りがなが「浴びる」になるようにしましょう。

10画　浴

鏡

読み方　音　キョウ　訓　かがみ

言葉　手鏡・望遠鏡・三面鏡・鏡台

注意　「金」と「竟」の形のちがいに注意しましょう。

19画　鏡

1

□に漢字を書きましょう。
（うすい字はなぞりましょう。）
（一つ4点）

① けっかん　血管

② がっき　楽器

③ しゅうしょく　給食

④ かいすいよく　海水浴

⑤ あびる　浴びる

⑥ ぼうえんきょう　望遠鏡

⑦ てかがみ　手鏡

よく使う言葉だよ。

学んだ漢字 60字　0字

漢字マスターまであと 142字　202字

小学4年 漢字

31

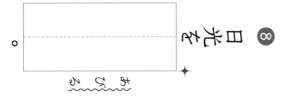

2 ◆…まちがえやすい漢字

① の漢字の読みがなを書きましょう。（4点1つ）

① 食器をならべる。
（　　　）

② 水浴びをする。
（　　　）

③ 公園を管理する。
（　　　）

④ 自給自足の生活。
（　　　）
自給自足＝自分で作ったものだけで生活する

⑤ お母さんの鏡台。
（　　　）

⑥ ゴムの管をあらう。
（　　　）

⑦ 浴室のそうじをする。
（　　　）

⑧ 手鏡に顔をうつす。
（　　　）

3 ① の漢字を書きましょう。（1つ5点）
（　　　）は、漢字と送りがなで書きましょう。

① 〔きゅうしょく〕の時間。

② 〔かがみ〕を見る。

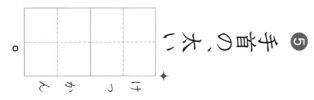
③ 〔かいすいよくじょう〕

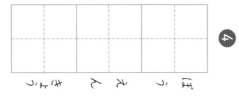
④ 〔ぼうえんきょう〕

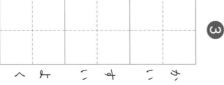
⑤ 手書の大に。〔けんこう〕

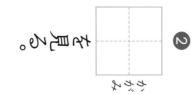
⑥ 〔がっき〕の練習をする。

⑦ 〔みずが〕水が　を通る。

⑧ 日光を〔あびる〕。

漢字を知っトク！　「浴」はいろいろな言葉の後に付く。「日光浴」は日差しをあびること。「森林浴」は、森の空気をあびることだよ。

32

月　日　●目標 15分

名　前　　　　　　　点

1 ——の漢字の読みがなを書きましょう。 （一つ4点）

❶ 植物を分類する。　（　　　　　）

❷ セメントで固める。　（　　　　　）

❸ 花に例える。　（　　　　　）

❹ 名案がうかぶ。　（　　　　　）

❺ 地中の土管。　（　　　　　）

❻ 残金が少なくなる。　（　　　　　）

❼ 種をまく場所に印を付ける。　（　　　　　）（　　　　　）

❽ 駅付近の様子が変わる。　（　　　　　）（　　　　　）

2 ——の漢字の読みがなを書きましょう。 （一つ2点）

❶ 約束をかわす。　（　　　　　）

❷ 花束をおくる。　（　　　　　）

❸ 入浴をすませる。　（　　　　　）

❹ 水を浴びる。　（　　　　　）

漢字を知っトク! 「変わる」は、それ自体がちがうものがうまれる場合に、「代わる」は、ある役目を他のものがはたす場合に使うよ。

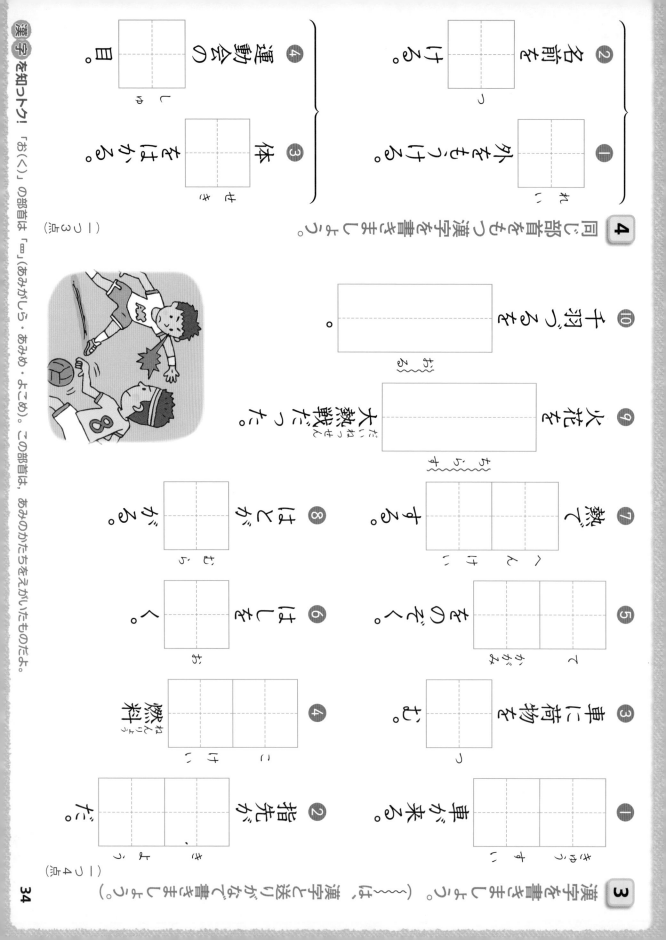

4 同じ部首をもつ漢字を書きましょう。（1つ3点）

① 外出を
　　ける。

② 名前を
　　ける。

③ 体
　　をはかる。

④ 運動会の
　　目。

3 漢字を書きましょう。（　）は、漢字と送りがなで書きましょう。（1つ4点）

① 車が来る。

② 指先が
　。

③ 車に荷物を
　む。

④ ［燃料］に
　ける。

⑤
　をのぞく。

⑥ はしを
　。

⑦ 熱で
　する。

⑧ はしを
　む。

⑨ 火花を
　大熱戦だった。

⑩ 千羽づるを
　。

季・節・候・景・照

月　日　　時　分～時　分

前　　　　　　　　　　　点

名

まちがえやすいところ……

季
そこなねる

読み方
音 キ

言葉
四季　季語　雨に季
四季　季語　雨に季

ガイド
季節を表す言葉を「季
語」といいます。俳句は
季語を一つだけよむこ
とという約束事がありま
す。

8画
一 二 千 禾 禾 禾 季 季

5

節
はねる
ふし

読み方
音 セッ
訓 ふし

言葉
節分　季節
節目　約節

注意
右下を「口」と書
かないようにしましょう。
調う節　節分

13画
ノ ト ト ケ ケ ケ ケ 筥 筥 筣 筣 節 節

筆順 1 — 2 — 3 — 4 —

候
止める
つき出さない

読み方
音 コウ

言葉
天候　気候
時候　候

注意
三画目のたて画を
書きわすれないようにし
ましょう。
候

10画
ノ イ 们 仁 俨 侯 侯 侯 候 候

景
長く
はねる

読み方
音 ケイ

言葉
夜景　風景
景品　光景

ガイド
「景色」が
あります。
特別な読み方

12画
一 ロ ロ 曰 目 早 旦 昌 昌 景 景 景

照
はねる

読み方
音 ショウ
訓 てる・てらす・てれる

言葉
足元を照らす
日照り　照明
対照的

ガイド
「てる・てらす・てれる」
という意味があります。

13画
１昭 ２昭 ３昭 ４昭 ５昭 昭 照 照 照 照 照 照 照

1

□に漢字を書きましょう。
（うすい字はなぞりましょう。）
（一つ4点）

ていねいに！

学んだ漢字 65字

0字

漢字マスターまであと 137字

202字

小学4年 漢字

① 四〔　〕〔き〕

② 〔き〕〔せつ〕

③ 〔ふ〕目

④ 気〔き〕〔こう〕

⑤ 〔ふう〕〔けい〕

⑥ 〔しょう〕明

⑦ 〔て〕らす

漢字を知ってトク！ 節分は、二月三日ごろの行事。豆まきをする他に、いわしの頭を付けたひいらぎのえだを、げんかん先にかざる地方もあるよ。

2

★…まちがえやすい漢字

2 ①〜⑧の漢字の読みがなを書きましょう。(1つ4点)

① きれいな夜景。　★
② 節分の豆まき。　★
③ 日照りが続く。
④ 美しい光景。
⑤ 時候のあいさつ。　★
　（時候＝それぞれの季節の天気の様子。）
⑥ 雨季になる。
⑦ 対照的な色の服。
　（対照的＝二つのものを比べて、ちがいがはっきりしている様子。）
⑧ 竹の節。

3 漢字を書きましょう。（〜〜〜）は、漢字と送りがなを書きましょう。(1つ5点)

① ［　　　　］（おだやか）な　★
② ［　　　　］（しき）の変化
③ ［　　　　］（けしき）
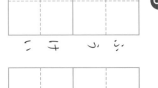
④ 人生の［　　　　］（ふしめ）
⑤ 部屋の［　　　　］（しょうめい）
⑥ ［　　　　］（けいひん）をもちこむ。
⑦ ［　　　　］（きせつ）がめぐる。
⑧ 足元を［　　　　］（てらす）。

18 覚・説・辞・訓・唱

まちがえやすいところ

覚 12画
読み方：カク／おぼえる、さめる、さます
言葉：感覚、名前を覚える、目が覚める、目覚まし時計
ポイント「覚える」のように、感じとるという意味でも使います。

説 14画
読み方：セツ／とく
言葉：解説、説明、説得、小説
注意：右上の八画目、九画目の点はこの向きに注意して書きましょう。

辞 13画
読み方：ジ／（やめる）
言葉：辞典、辞書、お世辞
ポイント「お世辞」は他人に対してあいそのよい言葉という意味。「世辞」ともいいます。

訓 10画
読み方：クン
言葉：訓読み、教訓、音訓
注意：右側の「川」の真ん中のたて画は少し短く書きます。

唱 11画
読み方：ショウ／となえる
言葉：合唱、暗唱、新説を唱える
注意：右側は下の「日」を少し大きく書きます。

筆順 1 2 3 4 5

1 □に漢字を書きましょう。（うすい字はなぞりましょう。）（一つ4点）

① かんかく　感覚
② おぼえる
③ せつめい　説明
④ じしょ　　書
⑤ きょうくん　教
⑥ がっしょう　合
⑦ となえる

学んだ漢字70字　0字
漢字マスターまであと132字　202字

がんばろう！

◆ …まちがえやすい漢字

2 ——の漢字の読みがなを書きましょう。(1つ4点)

❶ 小説を読む。（　　　）

❷ お世辞を言う。（　　　）

❸ 新説を唱える。（　　　）

❹ 目覚まし時計。（　　　）

❺ 漢字の音訓。（　　　）

❻ 秋の味覚を楽しむ。（　　　）
秋の味覚＝秋にとれて、その季節の最もよいとして食べる物。

❼ 辞典で調べる。（　　　）

❽ 文章を暗唱する。（　　　）
暗唱＝全部おぼえて読み上げる。

3 ——の漢字を書きましょう。（——は、漢字と送りがなで書きましょう。）(1つ5点)

❶ コンクール が しょう □□

❷ 理由を せつ □□ する。

❸ する どく に □□

❹ み □□□

❺ よ じ □□

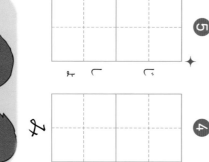

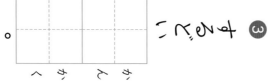
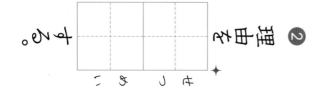

❻ 相手を とく □ しんさせる。

❼ 名句を な ほ □□ える。

❽ 名前を お ほ □□ える。

漢字を知ろう！「音訓」の「訓」は、漢字を日本語の読み方に当てはめた読み方。でも、「訓」の「クン」という読み方は音読みだよ。

月　日　時　分〜時　分

名前　　　　　　　　　　　点

まちがえやすいところ

筆順 1 — 2 — 3 — 4 — 5

完

まちがえやすいところ・はなてる・はらい

読み方　カン

言葉　完（かん）・完（かん）結（けつ）・完（かん）成（せい）・完（かん）全（ぜん）

注意　下の部分は「元」です。「先」と書かないようにしましょう。

完全・完成
完んと完ん全とに成結ぶ

完　完　完

7画　宀宀宀宀完完

無

読み方　ブム　な（い）

言葉　無（む）理（り）・無（む）事（じ）・無（ぶ）愛（あい）想（そう）・無（む）料（りょう）・物（もの）ねだり

ポイント　「無」は反対の意味の漢字として「有」と組にして覚えましょう。

無　無　無

12画　無無無無無無無無無無

不

せいてる・はらい

読み方　ブフ

言葉　不（ふ）安（あん）・不（ふ）気（き）味（み）・不（ふ）便（べん）・不（ふ）満（まん）・不（ふ）思（し）議（ぎ）

なり立ち　花のがくの形を表した字です。

不　不　不

4画　一ブ不不

未

上より長く

読み方　ミ

言葉　未（み）来（らい）・未（み）定（てい）・未（み）知（ち）・未（み）開（かい）

なり立ち　木のえだを表した字です。のびきらない・のびきらな

未　未　未

5画　一二キキ未

欠

はねる・せいてる・はらい

読み方　ケツ　か（く）・か（ける）

言葉　欠（けっ）点（てん）・欠（けっ）席（せき）・欠（か）ける・満（み）ち欠（か）け

なり立ち　人があくびをする様子を表した字です。

欠　欠　欠

4画　ノク欠欠

1

□に漢字を書きましょう。
（うすい字はなぞりましょう。）
（一つ4点）

① かんせい　[　　]成

② むり　[　　]理

③ ない　[　　]い

④ ふべん　不便

⑤ みらい　未来

⑥ けってん　[　　]点

⑦ かける　欠ける

見直しはできたかな？

2

◆…まちがえやすい漢字

つぎの──の漢字の読みがなを書きましょう。

（1つ4点）

① 不気味な声がする。（★）
（　　）

② 無事に帰国する。（◆）
（　　）

③ 委員会を欠席する。
（　　）

④ 無い物ねだりをする。
（　　）

⑤ 月の満ち欠け
（　　）
満ち欠け＝欠けたり満ちたりする形になること。

⑥ 物語が完結する。
（　　）

⑦ 子どもは入場無料だ。
（　　）

⑧ 未開の地へ行く。
（　　）
未開＝土地がまだ切り開かれていないこと。

3

つぎの──は、漢字を書きましょう。（一部は漢字と送りがなを書きましょう。）

（1つ5点）

① 明るい
〔あ〕〔か〕るい

② 〔け〕〔つ〕をおぎなう。

③ 〔か〕〔ん〕〔ぜ〕んに治る。

④ 〔ふ〕思議な絵

⑤ 作品が〔か〕〔ん〕〔せ〕〔い〕する。（◆）

⑥ 〔む〕〔り〕な話（◆）

⑦ 〔み〕〔ち〕の生物

⑧ 人数が〔か〕〔け〕る。

漢字を知ルゾ！
「不」は、「不安」「不満」のように、ある漢字の上に付いて、下の漢字の意味を打ち消すときに使われるよ。

20 共・協・求・労・働

〔まちがえやすいところ〕

共

読み方
音 キョウ
訓 とも

言葉
共感
共通
共有
共同
共働き

注意
下の部分の「ハ」は、横画に付けないように書きます。

共

6画　一 十 **サ** 世 共 共

協

読み方
音 キョウ

言葉
協議
協定
協力
協調

なり立ち
「十」(全部をまとめる)と「劦」(多くの人の力)を合わせてできた字です。

下のほうを長く

協

8画　一 十 オ **扩** 忖 枋 炒 協

じゅう協

求

読み方
音 キュウ
訓 もとめる

言葉
要求
追求
求める

注意
字の形に注意。「求」を「水」と書かないようにしましょう。

求

7画　一 十 寸 寸 求 求 求

もと求

労

読み方
音 ロウ

言葉
苦労
労力
労働

注意
上の部分は「ツ」です。「ツ」と書かないようにしましょう。

労

7画　労 労 労 労 労 労 労

ちから労

働

読み方
音 ドウ
訓 はたらく

言葉
働き者
労働

ポイント
「働」は日本で生まれた漢字(国字という)の一つです。

働

13画　働 働 仟 仟 佔 佑 俑 偅 偅 働 働 働

ろうどう働

1
□に漢字を書きましょう。
(うすい字はなぞりましょう。)
(一つ4点)

① きょう〔通〕

② とも〔に〕

③ きょう〔定〕

④ よう〔求〕

⑤ もと〔める〕

⑥ ろう〔どう〕

⑦ はたら〔く〕

はっちりだね/

漢字マスターまであと122字

学んだ漢字 80字　0字 202字

小学4年　漢字

41

★…まちがえやすい漢字

2 ——線の漢字の読みがなを書きます。(1つ4点)

① みんなで協力する。（　　）

② 父は働き者だ。（　　）

③ 姉の求めにおうじる。（　　）

④ 文化功労者（　　）
文化功労者＝文化の発展に大きなこうせきのあった人。

⑤ 台所を共同で使う。（　　）

⑥ 理想を追求する。（　　）

⑦ 人の意見に協調する。（　　）
協調＝たがいにゆずり合う。協力＝喜んで力をかすこと。

⑧ 共働きの家庭。（　　）

3 ——線は漢字を書きましょう。(——)は、漢字と送りがなで書きましょう。(1つ5点)

① □□を伝える。（きょう・よ）

② 行動を□にする。（とも）

③ □□して作る。（く・ふう）

④ □□を結ぶ。（きょう・てい）

⑤ □□時間（ろう・どう）

⑥ □□点（きょう・つう）

⑦ 工場で□く。（はたら）

⑧ 幸福を□□。（もと・める）

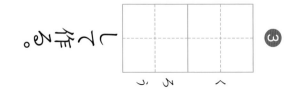

漢字を知っトク！「共同」は、何人かがいっしょに何かをすること。「協同」は、多くの人が力を合わせて仕事をすることだよ。

42

月　日　●目標 15 分

前
名　　　　　　　　点

1 ——の漢字の読みがなを書きましょう。 （一つ4点）

① 校歌を 合唱 する。　（　　　）
② 景品 が当たる。　（　　　）

③ 四季 のうつり変わり。　（　　　）
④ 社会に 働 きかける。　（　　　）

⑤ 労力 が足りない。　（　　　）
⑥ 人生の大きな 節目。　（　　　）

⑦ 完成品 をライトで 照 らす。　（　　　）（　　　）

⑧ 協議 の大切さを 説 く。　（　　　）（　　　）

2 ——の漢字の読みがなを書きましょう。 （一つ2点）

① 手足の 感覚。　（　　　）

② 道順 を 覚 える。　（　　　）

③ 出欠 を取る。　（　　　）
出欠を取る＝こうからこなかのかくにんをする。

④ コップが 欠 ける。　（　　　）

右側メモ：「唱」には、「合唱」のように、うたうという意味や、「暗唱」のように、となえるという意味があるよ。

漢字を知っトク！「唱」には、「合唱」のように、うたうという意味や…

43
小学4年　漢字

4 同じ読み方をする漢字を書きましょう。(1つ3点)

① ⎰ 野球の解〔せ〕〔　〕者。

② ⎱ 〔せ〕〔つ〕約をする。

③ ⎰ 詩を暗〔しょう〕する。

④ ⎱ 対〔しょう〕的な性格。

3 〔〜〜〜〕は、漢字と送りがなで書きましょう。漢字を書きましょう。(1つ4点)

① 内容は〔み・て・い〕だ。

② 便〔べん・り〕な場所。

③ 〔た・い・りょく〕が回復する。

④ 〔しっ・ぱい〕から学ぶ。

⑤ 〔ゆう・めい〕な人。

⑥ 意見に〔きょう・かん〕する。

⑦ 国語〔じ〕典で調べる。

⑧ 〔な〕い物ねだりをする。

⑨ ゆめを追い〔もとめる〕。

⑩ じゅもんを〔となえる〕。

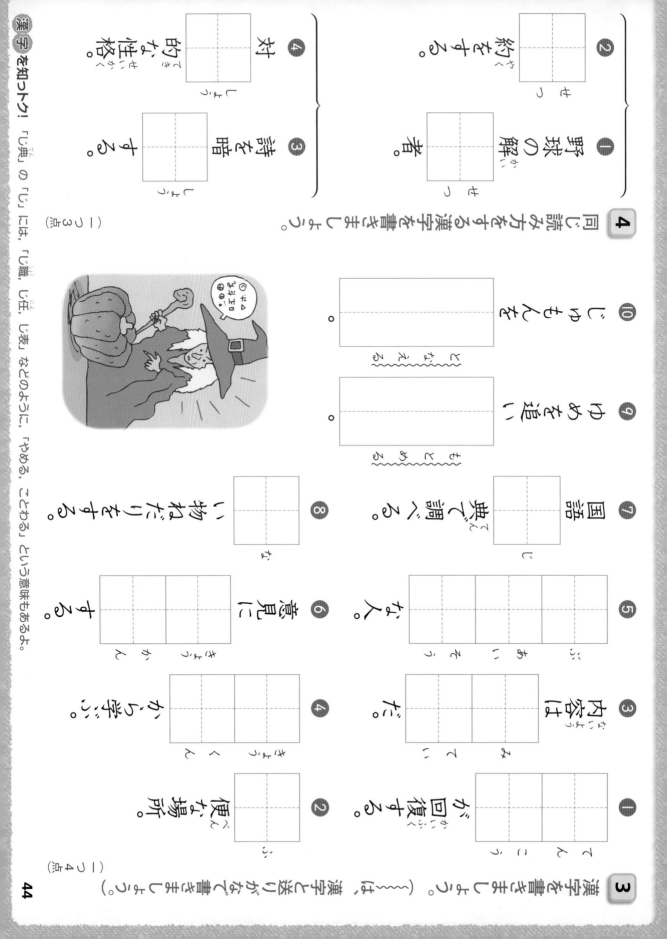

44

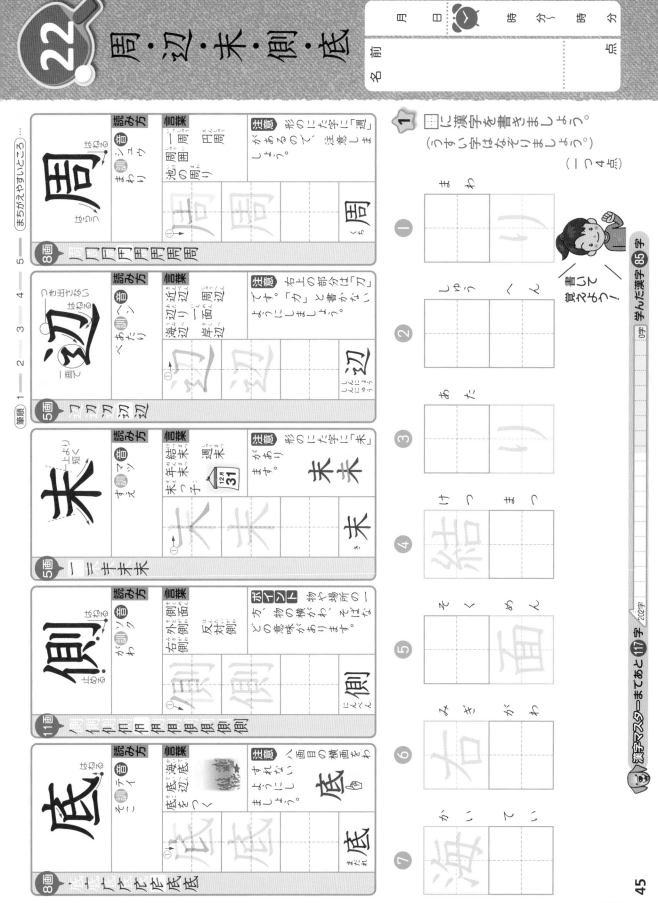

22

周・辺・末・側・底

月　日　　時　分〜時　分

名前　　　　　　　　　　　点

まちがえやすいところ……

周
はまる
はらう
〈読み方〉音 シュウ 訓 まわり
〈言葉〉一周・円周 池の周り
〈注意〉「週」に形のにた字があるので注意しましょう。円周 周り
8画 周 周 周 周 周 周 周 周 周

辺
〈読み方〉音 ヘン 訓 あたり・べ
〈言葉〉近辺・海辺 岸辺・周辺
〈注意〉右上の部分は「刀」です。「力」と書かないようにしましょう。一面に
5画 辺 辺 辺 辺 辺

末
上より短く
〈読み方〉音 マツ 訓 すえ
〈言葉〉末っ子 年末・結末 週末
〈注意〉「未」に形のにた字があります。末 末 末
5画 一 二 半 末 末

側
はたがわ
止まる
〈読み方〉音 ソク 訓 がわ
〈言葉〉右側・外側 反対側・内側
〈ポイント〉物や場所の横がわ、そばなどの意味があります。側
11画 側 側 伂 伂 佴 佪 佪 俱 側 側 側

底
はねる
〈読み方〉音 テイ 訓 そこ
〈言葉〉底力 海底・底辺 底をつく
〈注意〉八画目の横画をわすれないようにしましょう。底
8画 底 底 底 底 底 底 底 底

筆順 1 — 2 — 3 — 4 — 5

---

① □に漢字を書きましょう。
（うすい字はなぞりましょう。）
（一つ4点）

書いて覚えよう！

① まわ（り）

② しゅう（かん）

③ あた（り）

④ けっ（まつ）

⑤ そく（めん）

⑥ みぎ（がわ）

⑦ かい（てい）

学んだ漢字 85字

0字

漢字マスターまであと 117字 ／202字

45

小学4年　漢字

★…まちがえやすい漢字

2 ──の漢字の読みがなを書きましょう。(1つ4点)

① 内側 と 外側。

② 週末 の予定を立てる。

③ 食料 が底をつく。
底=じめんなどのいちばん下のあたり。

④ 海辺 の街を歩く。
海辺=海のほとり。うみべ。

⑤ 三人兄弟 の末っ子。

⑥ 円周 を計算する。
円周=円のまわり。

⑦ 三角形 の底辺。
底辺=三角形などの底にあたる辺。

⑧ 反対側 を向く。

3 漢字を書きましょう。(1つ5点)

① 駅の［しゅうへん］を歩く。

② 箱の［そくめん］をぬる。
よこがわ・へいめん・そくめん

③ ［あた］りが暗くなる。

④ ［けっか］を予想する。

⑤ 学校の［しゅう］囲。

⑥ ［みぎがわ］を通る。

⑦ 池の［まわ］り。

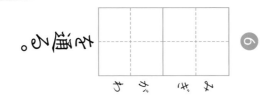

⑧ ［かいてい］べる。

漢字を知ろう! 「周り」は、その物の外側・近くという意味のときに使う。「回り」は、ぐるっとまわることに対して使うよ。

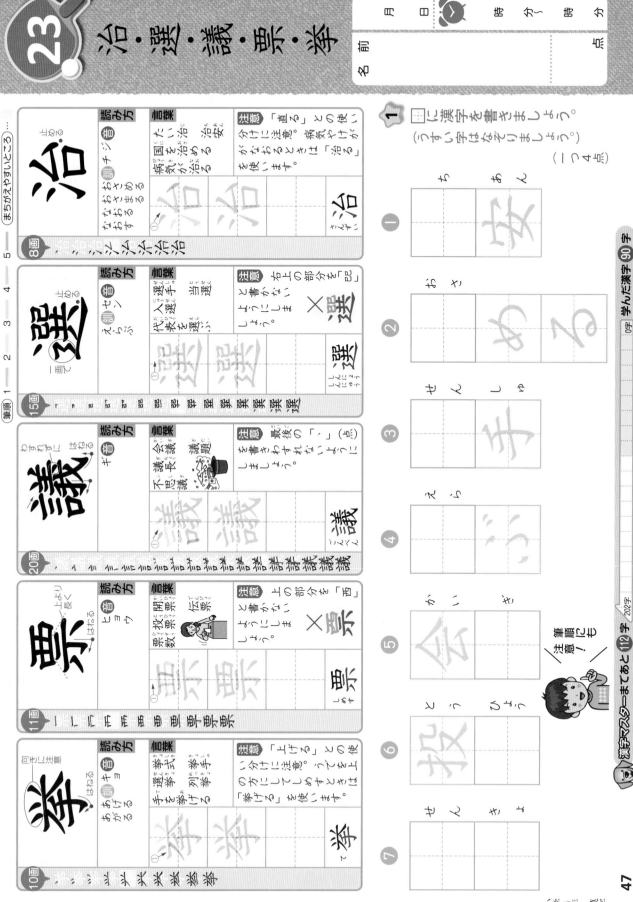

23 治・選・議・票・挙

月　日　　時　分〜時　分

名前　　　　　　　　　　　点

治（8画）

読み方 音 チ・ジ　訓 おさ(める)・おさ(まる)・なお(る)・なお(す)

言葉 国を治める／病気が治る／治安

注意 「直る」との使い分けに注意。病気やけがをなおすときは「治る」を使います。

筆順：氵汀沪沖治治

（まちがえやすいところ）止める　5

選（15画）

読み方 音 セン　訓 えら(ぶ)

言葉 代表を選ぶ／選手／入選／当選

注意 右上の部分を「己」と書かないようにしましょう。×選

筆順：己己巴巴四罪罪翼選選

止める　一画で　1 2 3 4 5

議（20画）

読み方 音 ギ

言葉 会議／不思議／議長／議題

注意 最後の「、」（点）を書きわすれないようにしましょう。

筆順：言計詳詳詳詳詳詳議議

はねる　わすれずに

票（11画）

読み方 音 ヒョウ　訓 はる

言葉 票を投じる／開票／票数／票

注意 上の部分を「西」と書かないようにしましょう。×票

筆順：一一一一一一一一一票

上より長く

挙（10画）

読み方 音 キョ　訓 あ(げる)

言葉 手を挙げる／選挙／挙式／挙手／挙列

注意 「上げる」との使い分けに注意。手の方にしてしまうときは「挙げる」を使います。

筆順：一一一一一一一一挙挙

回きに注意　はねる

---

1 □に漢字を書きましょう。（うすい字はなぞりましょう。）（一つ4点）

① ち　あん → 治安

② おさ　める → 治める

③ せん　しゅ → 選手

④ えら　ぶ → 選ぶ

⑤ かい　ぎ → 会議

⑥ とう　ひょう → 投票

⑦ せん　きょ → 選挙

/注意！\
筆順にも

漢字マスターまであと 112字／202字

学んだ漢字 90字

47

小学4年　漢字

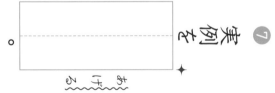
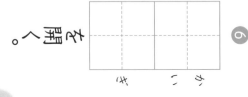

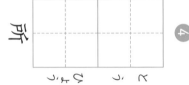
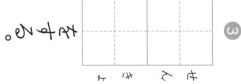
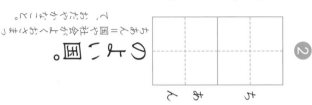
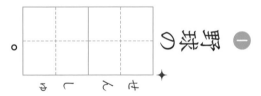

③ ④ は「ぢ」「づ」と読みません。

2 ──の漢字の読みがなを書きましょう。(１つ４点)

◆…まちがえやすい漢字

◆① 楽手をする。
（楽手＝手をあげること。）
（　　　）

② へやに当選する。
（　　　）

③ おにを◆治する。
（　　　）

④ 話し合いの◆議題。
（　　　）

⑤ 票数を読み上げる。
（　　　）

◆⑥ 病気が◆治る。
（　　　）

⑦ 議長をつとめる。
（　　　）

⑧ 数会で◆式をする。
（式＝しきにしたがって行うこと。）
（　　　）

3 ──は漢字を、〔　〕は漢字と送りがなを書きましょう。(１つ５点)

◆① 野球の〔せんしゅ〕。

② 〔ちあん〕のよい国。
（「ちあん」は、国や社会がおだやかでよくおさまっていること。）

③ 〔せんきょ〕をする。

④ 〔とうひょうじょ〕所

⑤ 代表を〔えらぶ〕。

⑥ 〔かいぎ〕を開く。

◆⑦ 実例を〔あげる〕。

⑧ 国を〔おさめる〕。

漢字を知ットク！ 「治める」は、政治を行う、支配するという意味。「学問をおさめる」「成功をおさめる」の「おさめる」は別の字を書くよ。

48

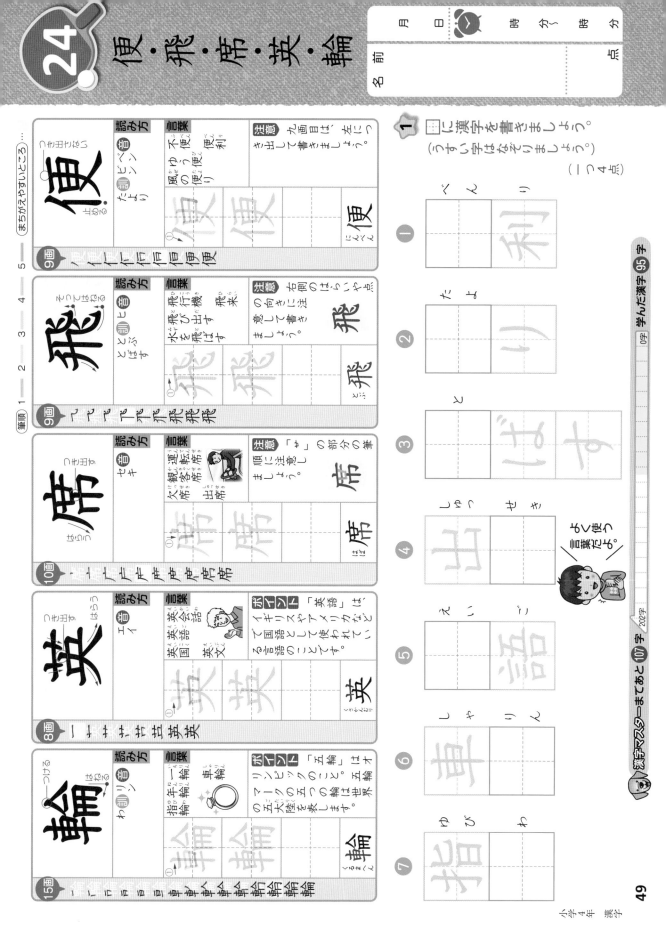

2 次の漢字の読みがなを書きましょう。(1つ4点)

◆…まちがえやすい漢字

① 英国の女王。（　　）

② ゆう便がとどく。（　　）

③ 一輪のばらの花。（　　）

④ 運転席にすわる。（　　）

⑤ 白鳥が飛来する。（　　）

⑥ ◆不便を感じる。（　　）

⑦ あわてて飛び出す。（　　）

⑧ 輪ゴムでとめる。（　　）

3 次の漢字を書きましょう。（　）は漢字と送りがなで書きましょう。(1つ5点)

① ◆ ［べんり］な仕組み。

② ［しゅう］を取る。

③ ［えいご］を話す。

④ 風の［たより］。

風のたよりに聞く。
※風のたよりに＝うわさなどで、いつのまにか伝わること。

⑤ ◆［ゆびわ］を（はじめる）。

⑥ ［えいかいわ］。

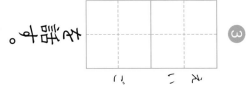

⑦ 木の［ねんりん］。

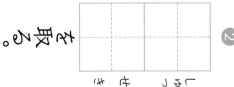

⑧ 水を（とばす）。

漢字を知っトク！「飛」という字の部首は、「飛」（とぶ）。学校で習う漢字の中で、この部首の漢字は他にない。めずらしい部首だよ。

25 芸・徳・香・典・博

芸

読み方　音 ゲイ

言葉　園芸・工芸・手芸・芸品・芸当

ポイント　木や草を植える」という意味や、「身につけた学問」という意味があります。

7画　一 十 艹 芏 芸 芸

まちがえやすいところ

筆順　1 — 2 — 3 — 4 — 5

徳

読み方　音 トク

言葉　美徳・人徳・徳用・品徳・道徳

ポイント　右側は「悪」の変わった形で、「まっすぐ」という意味を表します。

14画　1 彳 彳 彳 彳 衧 裄 裄 袻 徳 徳 徳 徳 徳

香

読み方　音 コウ　訓 か・かおり・かおる

言葉　香り・香水・梅の香・花の香

ポイント　部首は「日」で、「未(のぎ)」ではなく「香(か・かおり)」です。

9画　一 二 千 千 禾 禾 香 香 香

典

読み方　音 テン

言葉　古典・辞典・式典・典型・百科事典

なり立ち　竹の札「冊」と「台」を合わせた字で、「大切な書物を表します。

8画　1 门 们 曲 曲 曲 典 典

博

読み方　音 ハク・バク　訓 はねる

言葉　博物館・博学・博愛・博士

注意　右上の点を書きわすれないようにしましょう。

12画　一 十 忄 忄 忙 恒 博 博 博 博 博 博

1

□に漢字を書きましょう。
（うすい字はなぞりましょう。）
（一つ4点）

① えん げい　園

② どう とく　道

③ 花の　か

④ かおり

⑤ こ てん

⑥ じ てん　辞

⑦ は く がく　学

その調子！

② ★…まちがえやすい漢字

2 ——①の漢字の読みがなを書きましょう。
（1つ4点）

① 学芸会の練習をする。（　　）

② 博愛のこころをもつこと。（　　）
博愛＝全ての人を平等に愛すること。

③ 人徳のある人。（　　）
人徳＝その人にそなわっている徳。

④ 典型的な日本の家。（　　）
典型的＝その性格をよく表している様子。

⑤ 工芸品を買う。（　　）

⑥ 天文学の博士。（　　）

⑦ よい香り。（　　）

⑧ 記念の式典を行う。（　　）

③

3 ——①の□に漢字を書きましょう。送りがなを書くときは、（　）に漢字と送りがなを書きましょう。
（1つ5点）

① ★ ［はくがく］な人物。

② 漢字の［じてん］を引く。

③ 植物［ずかん］。

④ 梅の［か］。
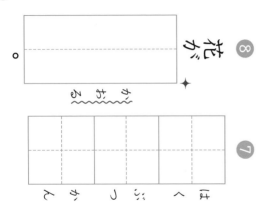

⑤ ［とくちょう］

⑥ ［こてん］文学に親しむ。

⑦ ［はんこう］

⑧ 花が［かおる］。

漢字を知っトク！　大学などを卒業すると「学士」になる。さらに学問をすると「修士」になり、最後に「博士」になるんだよ。

かくにんテスト ⑤

1 ――の漢字の読みがなを書きましょう。 （一つ4点）

（　　　　　）
❶ 英語 を 学ぶ。

（　　　　　）
❷ 手芸 クラブ

（　　　　　）
❸ 歯 を 治りょうする。

（　　　　　）
❹ 考えた 末 の 決断。

（　　　　　）
❺ 市役所 の 周辺。

（　　　　　）
❻ ばらの 香 を 楽しむ。

（　　　　　）
❼ 小学生用 の 辞典。

（　　　　　）
❽ 美しい 指輪。

（　　　　　）
❾ 市長 選挙 の 開票 が 始まる。

2 ――の漢字の読みがなを書きましょう。 （一つ2点）

（　　　　　）
❶ 駅 が 近くて 便利 だ。

（　　　　　）
❷ おばから の 便り。

（　　　　　）
❸ 船 の 側面 にあるまど。

（　　　　　）
❹ 通路 の 右側 を 歩く。

小学4年　漢字

漢字を知っトク！　「辞典」は、言葉の意味や読み方などを説明した本のこと。「事典」は、事物の内容を解説した本のことだよ。

4 □に合う形の漢字を書きましょう。 （1つ3点）

① □年の大きさ。

② □来を予想する。

③ グラウンド──□。

④ │──□。

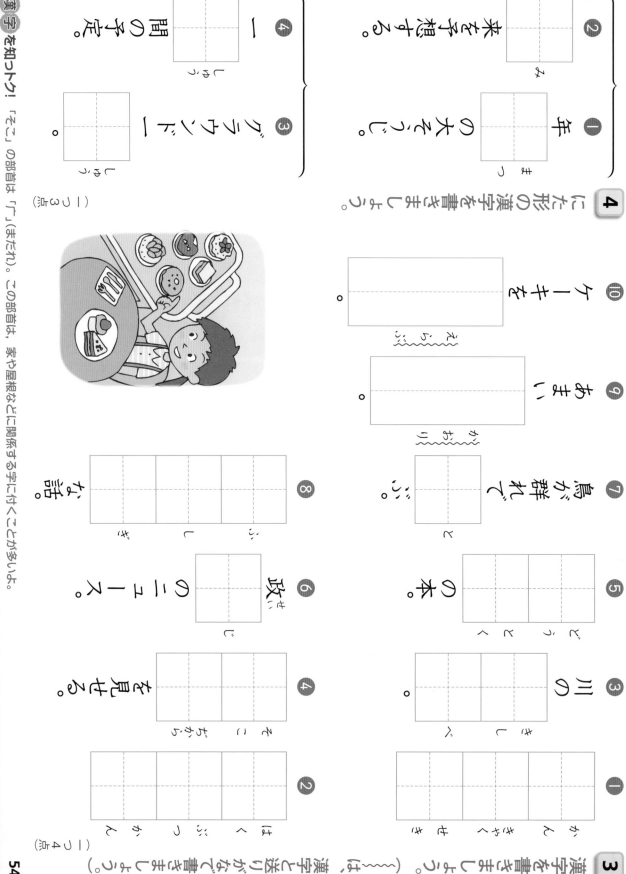

3 漢字を書きましょう。（1）は漢字と送りがなで書きましょう。 （1つ4点）

① □□□川（き・せん・きゃく）

② □□□は……（は・じ・く／か・ん）

③ 川の□□。（き・し）

④ □□□を見せる。（か・い・ちゃ・く）

⑤ □□の本。（ど・う・と・しょ）

⑥ □攻のニュース。（せい・じ）

⑦ 鳥が群れて□ぶ。（と）

⑧ □□□な話。（ふ・し・ぎ）

⑨ あまい□□。（か・お・り）

⑩ ケーキを□□。（え・ら・ぶ）

27

月　日　時　分〜時　分

名前

点

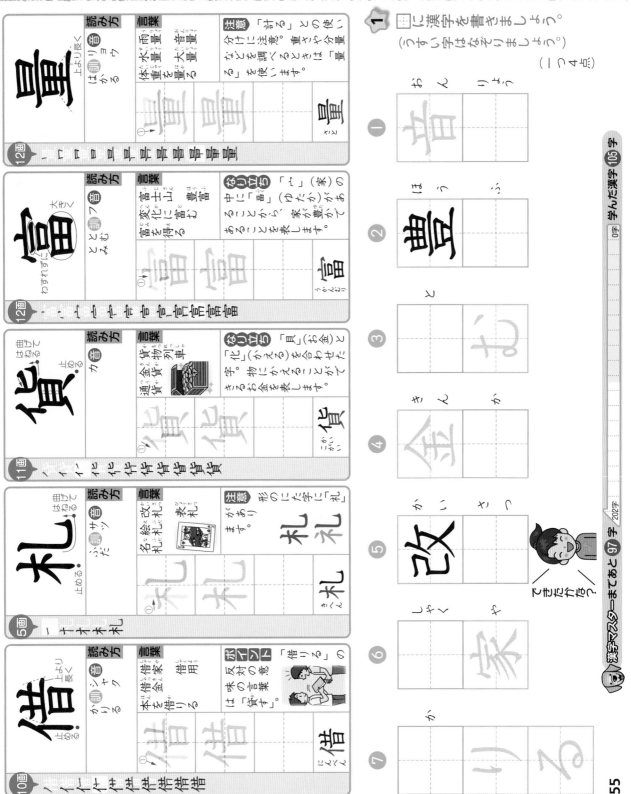

まちがえやすいところ…

【量】

読み方　音 リョウ　訓 はかる

言葉　体重を量る　水や雨の音量を大きくする

注意　「計る」との使い分けに注意。重さや分量などを調べるときは「量」を使います。

12画　｜ ニ ロ 日 旦 早 昌 昌 昌 昌 量 量

【富】

読み方　音 フウ　訓 とむ・とみ

言葉　富士山に富む　富を得る　大きく富む

なり立ち　「宀」（家）の中に「畐」（ゆたか）があることから、家が豊かであることを表します。

12画　｀ ｀ ｀ ゚ ゚ ゚ 宀 宀 富 富 富 富

【貨】

読み方　音 カ

言葉　通貨　金貨　貨物列車

なり立ち　「貝」（お金）と「化（かえる）」を合わせた字。物にかえることができるお金を表します。

11画　｀ イ イ 化 代 代 貨 貨 貨 貨 貨

【札】

読み方　音 サツ　訓 ふだ

言葉　名札　絵札　改札　お札

注意　形のにた字に「礼」があります。　札　礼

5画　一 十 才 札

【借】

読み方　音 シャク　訓 かりる

言葉　本を借りる　借金　借家

ポイント　「借りる」の反対の意味の言葉は「貸す」。

10画　｀ イ イ 仹 伊 伊 借 借 借 借

1 □に漢字を書きましょう。
（うすい字はなぞりましょう。）
（一つ4点）

① おん りょう

② ほう ふ

③ と む

④ きん か

⑤ かい さつ

できたかな？

⑥ しゃく や

⑦ か りる

漢字マスターまであと **97**字 /202字

学んだ漢字 **105**字 /0字

2 ──の漢字の読みがなを書きましょう。(1つ4点)

◆…まちがえやすい漢字

① 表札をたしかめる。
（表札＝住んでいる人の名前を書いたもの）

② 力を借りる。

③ 米を量る。◆

④ 貨物列車が走る。◆

⑤ 電話を借用する。
（借用＝借りて使うこと）

⑥ 日本の通貨。
（通貨＝その国で使われているお金）

⑦ 雨量の多い地方。

⑧ 豊富な水。

3 ──は漢字と送りがなを、＝は漢字を書きましょう。(1つ5点)

① 多くの □□（とくてん）を得る。

② □□（たいりょう）に注文する。

③ □□（きんか）を数える。◆

④ 富士山（ふじさん）

⑤ □□（なだ）。

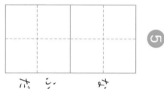

⑥ □□（しゃ・や）

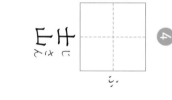

⑦ 体重を□□（はかる）。

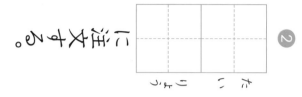

⑧ 木を□□（かる）。

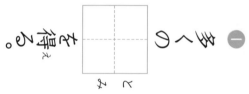

漢字を知ろう！
「計る」は数や時間を数える、考えるという意味だよ（例 タイムを計る）。「量る」と使い分けよう。

28 最・低・初・差・仲

小学4年　漢字

最

まちがえやすいところ……

読み方　音サイ　訓もっとも

言葉　最後　最新　最も速い　最も大きい

注意　九画目は右につき出さない。

12画　最 最 最 最 最 最 最 最 最 最 最 最

筆順 1 — 2 — 3 — 4 — 5

低

読み方　音テイ　訓ひくい・ひくめる・ひくまる

言葉　気温が低い　最低　低下　低学年

ポイント　「低」は反対の意味の漢字と組にして覚えましょう。「低」と「高」

7画　低 低 低 低 低 低 低

初

読み方　音ショ　訓はじめ・はじめて・はつ・(そめる)

言葉　初耳　年の初め　初めて会う　初雪　初日

ポイント　「年の初め」の反対の意味の言葉は「年の末」です。

7画　初 初 初 初 初 初 初

差

読み方　音サ　訓さす

言葉　差点　交差　大差　日差し

注意　他の場合に注意。「指す」「差す」の使い分けに注意。

10画　差 差 差 差 差 差 差 差 差 差

仲

読み方　音(チュウ)　訓なか

言葉　仲間　仲直り　仲良し

なり立ち　「イ」(ひと)と「中」(なか・まんなか)を合わせた字で、人と人のまんなかという意味です。

6画　仲 仲 仲 仲 仲 仲

1 □に漢字を書きましょう。

(うすい字はなぞりましょう。)

（一つ4点）

① もっと

② ていか

③ ひくい

④ さいしょ

⑤ こうさてん

⑥ さす

⑦ なかま

学んだ漢字 110字　0字　漢字マスターまであと 92字　202字

よく使う言葉だよ。

✦ …まちがえやすい漢字

2 ―の漢字の読みがなを書きましょう。(1つ4点)

① 最新型のテレビ。（　　）
② 点差が開く。（　　）
③ 兄とは仲良しだ。（　　）
④ 低温に弱い植物。（　　）
⑤ 年の初めの出来事。（　　）
⑥ 最も速く走る動物。（　　）
⑦ 日差しがまぶしい。（　　）
⑧ 祭りの初日。（　　）

3 ―は漢字を書きましょう。〰〰は漢字と送りがなで書きましょう。(1つ5点)

① 〔なかま〕を集める。

② 本の〔さいしょ〕のページ。

③ 体力が〔かいふく〕する。

④ 〔さいこう〕の品だ。

⑤ 〔こうさてん〕

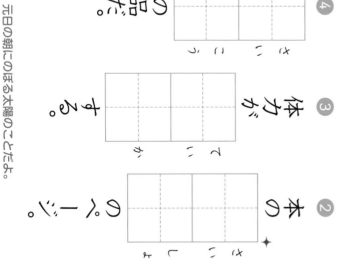

⑥ 〔はつゆき〕

⑦ 気温が〔ひく〕い。

⑧ 〔かさ〕を差す。

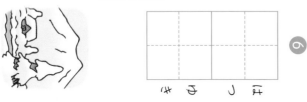

漢字を知ットク！「初日」は、「はつひ」と読むこともあるよ。「はつひ」は、元日の朝にのぼる太陽のことだよ。

特・別・良・極・努

月　日　時　分〜時　分

名前　　　　　　　点

まちがえやすいところ

筆順 1 — 2 — 3 — 4 — 5

特

読み方
音 トク

言葉
特に　特集
特色　特長

注意
形のにた字に「待」があるので、注意しましょう。

10画　一十十十牛牛牛特特特

別

読み方
音 ベツ
訓 わか（れる）

言葉
別べつ　区別くべつ
友達と別れる
特別とくべつ
別れる

注意
「分かれる」と使い分けに注意。人と人とが別れるときは「別れる」を使います。

7画　別別別別別別別

良

読み方
音 リョウ
訓 よ（い）

言葉
仲が良い　改良
良心りょうしん　良い
良好りょうこう

ポイント
「良い」の反対の意味の言葉は「悪い」です。

7画　良良良良良良良

極

読み方
音 キョク　ゴク
訓 きわ（める）
（きわ（まる）
（きわ（み））

言葉
南極なんきょく　積極的せっきょくてき
電極でんきょく　極めて
極め

注意
右側の筆順に注意しましょう。上の「一」の後は「ノ」を一画で書きます。

12画　一十十木木杧杧杨極極極極

努

読み方
音 ド
訓 つと（める）

言葉
勉強に努める
早起きに努める
努力どりょく

注意
送りがなを「努める」としましょう。

7画　努努努努努努努

1

□に漢字を書きましょう。
（うすい字はなぞりましょう。）
（一つ4点）

① とく　べつ

② わか　れる

③ りょう　こう

④ よ　い

⑤ なん　きょく

⑥ ど　りょく　かんぺき！

⑦ つと　める

2 ◆…まちがえやすい漢字

── の漢字の読みがなを書きましょう。 （1つ4点）

＊（1）努力を続ける

（2）この学校の特長

（3）仲良しの兄弟

（4）防災に努める

（5）おさめ方の区別

（6）良心がとがめる

（7）プラスの電極

（8）別れの歌をおぼえる

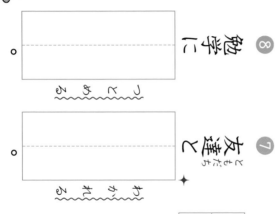

3 ── は漢字を書きましょう。送りがなも書きましょう。 （1つ5点）

（1）新聞の□□の記事（きじ）

（2）品種を改□□する

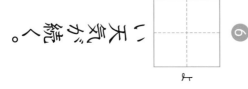

（3）□□家

（4）□□

（5）今日は□□□い寒い

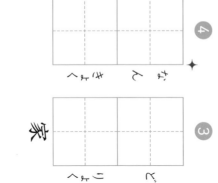

（6）□□い天気が続く

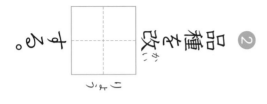

（7）友達と□□れる（ともだち・わかれる）

（8）□□学に（べんきょう）

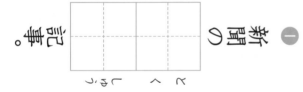

漢字を知っトク！「良」を使うことわざに「良薬は口に苦し」がある。良い薬が苦いのと同じで、ためになる助言は聞くのがつらいという意味だよ。

60

30 各・的・以・昨・課

名前　　　　　　　　点

まちがえやすいところ

各
- 読み方：音 カク
- 言葉：世界各地、各国、各自
- 注意：形のにた字に「名」まちがわないように。
- 筆順 6画：ノ ク タ 各 各 各

的
- 読み方：音 テキ／訓 まと
- 言葉：目的、的外れ、具体的
- ポイント：「科学的」など他の言葉の下に付いて「〜のような」という意味を表します。
- 8画

以
- 読み方：音 イ
- 言葉：以内、以上、以下、以外、以前
- なり立ち：人が農具で仕事をする様子を表し、後に「〜を用いて」という意味を表すようになりました。
- 5画

昨
- 読み方：音 サク
- 言葉：昨日、昨年、昨夜
- ポイント：「昨日」に「きのう」という特別な読み方があります。
- 9画

課
- 読み方：音 カ
- 言葉：日課、放課後、課題
- ポイント：「課」は「決めてわりあてる」という意味があり「日課」は毎日することを表します。
- 15画

---

1 □に漢字を書きましょう。
（うすい字はなぞりましょう。）
（一つ4点）

① か　く　［各］
② も　く　てき　［目的］
③ まと　［的］
④ い　ない　［以内］
⑤ さく　じつ　［昨日］
⑥ か　だい　［課題］
⑦ に　っ　か　［日課］

止め・はねに注意！

学んだ漢字 120字（0字）
漢字マスターまであと 82字（202字）

② ☆──の漢字の読みがなを書きましょう。(一つ4点)

① 昨年の夏の思い出。（　　）

② 具体的な例を挙げる。（　　）

③ 散歩を日課にする。（　　）

④ 肉以外の料理。（　　）

⑤ 全国各地の名産。（　　）

⑥ 昨夜は早くねた。（　　）

⑦ 的外れな意見。（　　）

⑧ 以前に聞いた話だ。（　　）

③ ☆漢字を書きましょう。(一つ5点)

① □□を もって うつ。〔もて／きを〕

② □位に入る。〔さん・い〕

③ 世界□□□。〔かい・へ〕

④ 注目の□。〔まと〕

⑤ □□が 残る。〔か・だい〕
（なれれば かんたんに とける もんだいだ。）

⑥ 千円□□の 品物。〔い・か〕

⑦ □□□は 雨だった。〔さく・じつ〕

⑧ □□□〔ほう・か・し〕

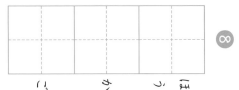
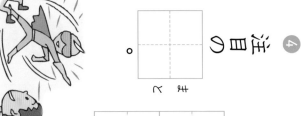
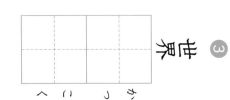
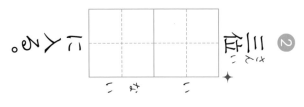
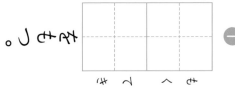

漢字を知っトク！
今日の前の日を「昨日（きのう）」という。その前の日は「一昨日（おととい）」といい、さらにその前の日は「一昨昨日（さきおととい）」というよ。

「昨」は、「さく」とも読み、「ひ」とはよめません。

月　日　●目標 15分

名前　　　　　　　点

1 ──の漢字の読みがなを書きましょう。 （一つ4点）

（　　　　　）
① 努力 が実る。

（　　　　　）
② 低学年 の妹。

（　　　　　）
③ 重さを 量 る。

（　　　　　）
④ 借金 を返す。

（　　　　　）
⑤ 目薬を 差 す。

（　　　　　）
⑥ 顔色 が良い。

（　　　　　）
⑦ トランプの 絵札。

（　　　　　）
⑧ 栄養 に富む。

（　　　　　）（　　　　　）
⑨ けんか 別 れした友と 仲直 りする。

2 ──の漢字の読みがなを書きましょう。 （一つ2点）

（　　　　　）
① 予想が 的中 する。

（　　　　　）
② 矢が 的 に当たる。

（　　　　　）
③ 最初 に発表する。

（　　　　　）
④ それは 初耳 だ。

漢字を知るコトワ！ 「はじめる・はじまる」は、「始める・始まる」と書くけれど、「初める・初まる」とは書かないよ。

漢字を知っトク！ 部首の「貝」（かい）と「頁」（おおがい）は形がにているけれど、「貝」は貝の形から、「頁」は人の頭を強調した形からできたんだよ。

64

4 同じ読み方をする漢字を書きましょう。（1つ3点）

② □（りょう）好な関係。
① テレビの音□（りょう）。
③ □（か）物列車が通る。
④ 読書日□（か）にする。

⑩ 早起きに□□□（つとめ）る。
⑨ 友達にペンを□□□（かり）る。
⑦ □□（とり）の肉。
⑤ □□（きたい）の理由。
⑧ □□（たい）で勝つ。
⑥ □□（じべん）で持参する。

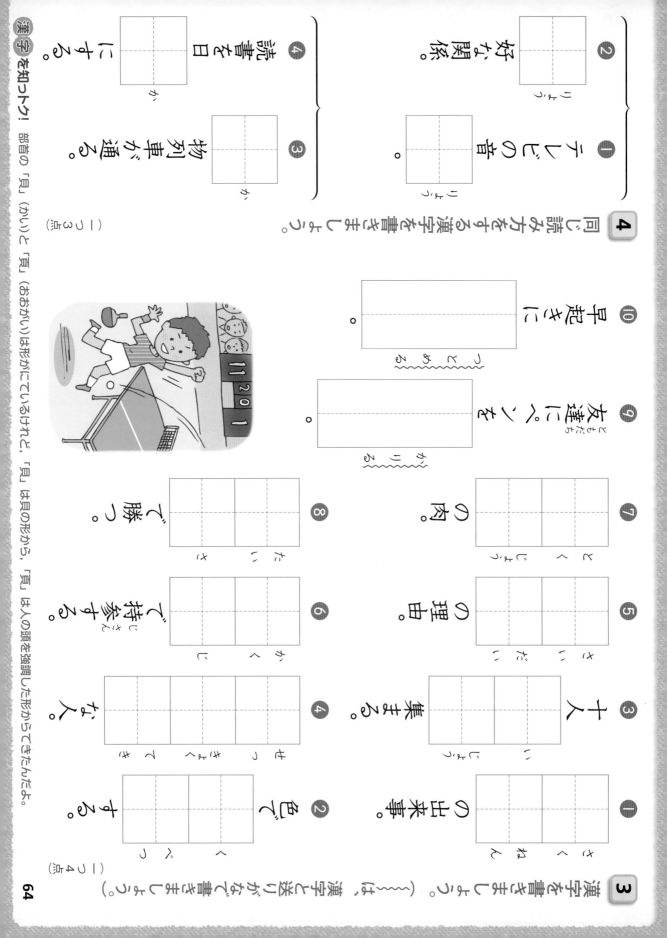

3 漢字を書きましょう。～～は、漢字と送りがなで書きましょう。（1つ4点）

① □□□（さくねん）の出来事。
③ 十□□（にんずう）集まる。
② □□色（て）□□（へん）する。
④ □□□□（せいてん）な人。

32 約・単・位・億・兆

（筆順）1 — 2 — 3 — 4 — 5 —

まちがえやすいところ……

約

はねる
止める

読み方
〔音〕ヤク

言葉
約束　約節　要約

注意
右側は「ク」で「タ」と書かないようにしましょう。

9画　く幺幺幺糸糸糸約約

単

長く

読み方
〔音〕タン

言葉
単語　単に　単行本を調べる

ポイント
「ひとつ」「だ」「ただ」などの意味があり、まとまりがあります。

向きに注意

9画　ツ ツ ツ ツ 兴 当 単

位

長く
止める

読み方
〔音〕イ
〔訓〕くらい

言葉
位置　順位　単位　着位

なり立ち
「イ（ひと）」と「立（たつ）」を合わせた字で、人が立つ場所からその人が立つ様子を表します。

7画　イ イ 什 什 付 位

億

上より長く

読み方
〔音〕オク

言葉
一億　億万長者　億万円

ポイント
数の単位を表す字は他に「千」「万」「兆」などがあります。

15画　イ イ 忄 忄 忄 什 伫 倍 倍 信 億 億 億 億

兆

はねる
曲げて
受けて

読み方
〔音〕チョウ

言葉
一兆　前兆　兆候

なり立ち
かめのこうを焼いてできたひびを表す字です。

6画　丿 丿 扎 扎 兆 兆

1

□に漢字を書きましょう。
（うすい字はなぞりましょう。）

（一つ4点）

① やく そく　□□束

② たん ご　単□

③ たん ご　□語

④ い ち　□置

⑤ くらい　□

⑥ いち おく えん　一□円

⑦ ぜん ちょう　前□

かんぺき！

③ ①・⑦「だ」、⑧の上の部分を「氵」に書かないように気をつけましょう。

2 しょうのかん字の読みがなを書きます。（1つ4点）

◆…まちがえやすい漢字

① 説明を◆要約する。
（　　　　）

② 順位が決まる。
（　　　　）

③ 単行本を読む。
（　　　　）
単行本＝全集などにまとめてではなく、一さつとして出された本。

④ 億万長者になりたい。
（　　　　）

⑤ かぜの兆候がある。
（　　　　）
兆候＝物事が起こりそうな様子。

⑥ 時間を節約する。
（　　　　）

⑦ 一兆円の予算。
（　　　　）

⑧ 重さの単位を学ぶ。
（　　　　）

3 漢字を書きましょう。（1つ5点）

① なだれ ◆ちゅうい。
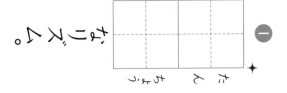

② 録画を とる。
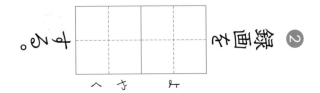

③ 十の くらい。
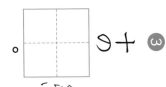

④ ◆ぜんこく ちょう…。

⑤ …おくえん。
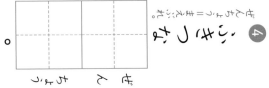

⑥ …たしかめる。

⑦ …たくをおぼえる。
コツコツ
ことば＝文を組み立てている言葉。

⑧ …やくそくを まもる。

漢字を知ろう！「億」は一万の一万倍、「兆」は一億の一万倍のこと。一兆を数字で表すと「1000000000000」となるよ。

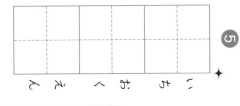

66

産・健・康・静

月　日　　時　分〜時　分

名前

点

まちがえやすいところ

産

長く・はらう

読み方 音 サン　訓 う(む)・う(まれる)

言葉 国 出産・名産・産業 た まご を産む・産品

注意 「生む」との使い分けに注意。子やたまごをうむときは「産む」を使います。

①産　産　産

う(まれる)

11画 一　ナ　立　立　产　产　产　産　産

筆順 1ー　2ー　3ー　4ー　5ー

健

〈一字〉止める

読み方 音 ケン　訓 (すこ)やか

言葉 保健・健全・健 室

注意 にた形の字に「建」があるので、注意しましょう。

①健　健　健

にくづき

11画 イ　イ　仁　伊　伊　信　律　健　健　健

康

〈一字〉はねる

読み方 音 コウ

言葉 不健康・健康・康 楽

注意 下の部分を「水」と書かないようにしましょう。

康 ✕

①康　康　康

まだれ

11画 一　广　广　庐　庐　序　序　彦　康　康

静

〈一字〉止める・はねる

読み方 音 セイ・(ジョウ)　訓 しず・しず(か)・しず(まる)・しず(める)

言葉 安静・静止・夜の静 けさ 心を静める

ポイント 「静」と「動」は反対の意味の漢字として組にして覚えましょう。

①静　静　静

14画 一　十　丰　丰　青　青　青　青　青　青　静　静　静　静

もっと知って/クイズ

「産む」と「生む」のちがいは…

「産」の「产」の部分は、「彦」という字がもとになっており、美しい男の子という意味を表すといわれています。同じ読みの「生む」が広く意味を表すのに対して、「産む」は生き物の出産や産らんだけに使います。

---

1 □に漢字を書きましょう。
（うすい字はなぞりましょう。）
（一つ4点）

① さん　ぎょう　[産]業

② う[産]む

③ けん　ぜん　[健]全

④ けん　こう　[健][康]

⑤ あん　せい　[安][静]

⑥ せい　し　[静]止

⑦ し　[静]める

体に関係のある言葉だわ！

2

◆…まちがえやすい漢字

② ── の漢字の読みがなを書きましょう。（1つ4点）

① 健全な体。

② 静物画をえがく。
（静物画＝花や果物など、動かないものをかいた絵。）

③ 国産の野菜を食べる。

④ 病人が小康をたもつ。
（小康＝病気が少し、よくなって、落ち着くこと。）

⑤ 保健所に行く。
（保健＝健康をたもつこと。）

⑥ 病院で出産する。

⑦ 不健康な顔色。

⑧ 静かな海。

（　）（　）（　）（　）（　）（　）（　）（　）

3

③ ── のことばを、漢字と送りがなで書きましょう。（漢字は書きじゅんにも注意しましょう。）（1つ5点）

① 空中で［　　］する。〔せいし〕

② ［　　］にとどけます。〔けいさつ〕

③ 地元の［　　］。〔きょうかい〕

④ 保［　］室の先生。〔けん〕

⑤ ［　　　］。〔あんせい〕

⑥ ［　　　］。

⑦ 心を［　　］。〔しずめる〕

⑧ 男の子を［　　］。〔うむ〕

漢字を知っトク！ 反対の意味の字を組み合わせた「動静」は、人や物事の動きや様子を表す言葉だよ。

月　日　　時　分〜時　分

前名　　　　　　　　　　点

まちがえやすいところ

法

読み方
音 ホウ

言葉
文作法 法 法 方法

注意
「方法」の「方」は、やり方を意味する言葉です。「法方」と書かないようにしましょう。

8画　氵氵汁汁注法法

筆順 1 — 2 — 3 — 4 — 5

民

読み方
音 ミン
(訓 たみ)

言葉
国民 民 民話 住民 民族 市民

なりたち
目を表しました。後に「たみ」という意味になりました。

5画　フ コ 尸 民 民

改

読み方
音 カイ
訓 あらた(める) あらた(まる)

言葉
改札 改行 改 改める 改正 行い改め

注意
送りがなが「改める」「改ためる」としないように気をつけましょう。

7画　フ コ 己 己 己 改

令

読み方
音 レイ

言葉
指令 命令 号令 冷 令

注意
「冷」と形のにた字に注意します。

5画　ノ 人 人 今 令

臣

読み方
音 ジン シン

言葉
大臣 家臣 臣 重臣

注意
筆順に注意します。最初に左の画を書きます。

7画　一 イ 下 戸 臣 臣 臣

□に漢字を書きましょう。
(うすい字はなぞりましょう。)
(一つ4点)

① ぶん ぽう　文 □

② ほう ほう　方 □

③ こく みん　国 □

④ かい りょう　□ 良

⑤ あらた　める　□ め る

⑥ ごう れい　号 □

⑦ だい じん　大 □

覚えよう！送りがなも

漢字マスターまであと 68 字

学んだ漢字 134 字

0字　202字

69

小学4年漢字

◆…まちがえやすい漢字

2 つぎの漢字の読みがなを書きましょう。（1つ4点）

① 段落で改行する（　　　）
② お茶の作法を学ぶ（　　　）
③ 市民の集まり（　　　）★
④ 欠点を改める（　　　）
⑤ 指令を受ける（　　　）★
⑥ 草原の遊牧民族（　　　）
⑦ 絵画の新しい手法（　　　）
　手法＝やり方で表現する方法。
⑧ 王様の重臣。（　　　）
　重臣＝重要な地位の家来。

3 つぎの（　）は漢字を書きましょう。送りがなが必要なものは、漢字と送りがなで書きましょう。（1つ5点）

① 新しい　ほ　う　ほ　う　。★
② み　ん　わ　を読む。
③ ぶ　か　つ　の決まり。
④ ご　う　れ　い　をかける。
⑤ だ　い　じ　ん　。
⑥ き　き　が機械を　か　い　りょ　う　する。
⑦ こ　う　しゅ　う　の意見。
⑧ 行いを　あ　ら　た　め　る　。

漢字を知っトク！
「民」には、おおやけではないという意味もある。この場合の反対の意味の漢字は「公」や「官」だよ。

35　刷・機・械・灯・径

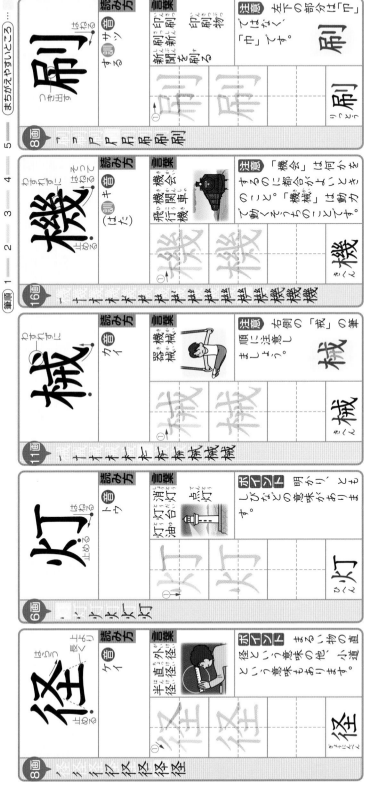

まちがえやすいところ

刷

読み方　サツ／す（る）

言葉　新聞を刷る／新しく印刷する

注意　左下の部分は「巾」ではなく、「刂」です。

筆順　刷　8画　フ　コ　尸　尸　吊　刷　刷

機

読み方　キ／はた

言葉　飛行機／機関車／機会

注意　「機会」は何かをするのに都合がよいときのこと。「機械」は動くそうちのことです。

16画　一　十　オ　木　朴　杵　栌　栌　楼　機　機

械

読み方　カイ

言葉　器械／機械

注意　右側の「戒」の筆順に注意しましょう。

11画　一　十　オ　木　朴　朾　杆　械　械　械

灯

読み方　トウ／ひ

言葉　灯台／灯油／消灯／点灯

ポイント　点灯など、明かりの意味があります。

6画　・　ソ　火　火　灯

径

読み方　ケイ

言葉　半径／直径／径

ポイント　径とは、こみち、小道という意味のほかに、まっすぐな物の意味もあります。

8画　ノ　彳　彳　彳　径　径　径　径

1　□に漢字を書きましょう。（うすい字はなぞりましょう。）

（一つ4点）

① いんさつ　印□□

② す（る）　□る

③ ひこうき　飛行□

④ きかいてき　□□的

⑤ とうだい　□台

⑥ てんとう　点□

⑦ ちょっけい／はんけい　直□／□□

ばっちりだね。

2 ──の漢字の読みがなを書きます。（1つ4点）

◆…まちがえやすい漢字

① 灯油を買いに行く。（　　）

② 円の半径の長さ。（　　）

③ 政治を刷新する。（　　）
　刷新=新しいことにとりかえて、新しくすること。

④ かい中電灯（　　）

⑤ よい機会をとらえる。（　　）

⑥ 版画を刷る。（　　）
　版画=はんに絵が刷られる。

⑦ 器械運動をする。（　　）

⑧ 水道管の外径。（　　）
　外径=外側の直径。

3 漢字を書きます。（1つ5点）

（漢字は送りがなもていねいに書きましょう。）

① 工場の大きな〔きかい〕。◆

② 本を〔いんさつ〕する。

③ 〔とうだい〕の明かり。

④ 〔ひこうき〕。

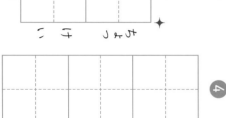

⑤ 円の〔ちょっけい〕。◆

⑥ 〔きかいたいそう〕。

⑦ 〔じしん〕時間。

⑧ 新聞を〔する〕。

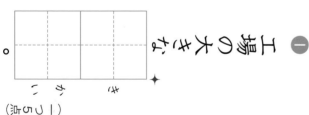

漢字を知っトク！「器械」は仕組みが簡単な道具や、人の力で動く小さなもの、「機械」は電気などによって動く大きなもののことをいうよ。

72

36 かくにんテスト 7

月　　日　　●目標 15分

名前　　　　　　　　　点

1 ——の漢字の読みがなを書きましょう。 （一つ4点）

❶ 健康 にすごす。　（　　　　　）

❷ 前兆 が見られる。　（　　　　　）

❸ 半径 三メートルの円。　（　　　　　）

❹ 信用できる 家臣。　（　　　　　）

❺ 宿を 予約 する。　（　　　　　）

❻ 機関車 が走る。　（　　　　　）

❼ めずらしい 方法 で 印刷 する。　（　　　　　）（　　　　　）

❽ 機械 のランプが 点灯 する。　（　　　　　）（　　　　　）

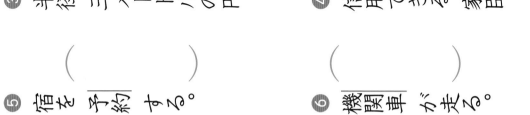

2 ——の漢字の読みがなを書きましょう。 （一つ2点）

❶ 一位 になる。　（　　　　　）

❷ 高い 位 につく。　（　　　　　）

❸ 地元 の 名産品。　（　　　　　）

❹ たまごを 産む。　（　　　　　）

漢字を知ろコーナー！ 「臣」（家来、民）の反対の意味の漢字は「君」（支配者、君主）。組にして覚えておこう。

4 同じ部首をもつ漢字を書きましょう。 （1つ3点）

① 万長者 〔おう...じゃ〕

② 保□ん室 〔ほ...けん〕

③ □器 〔がっき〕

④ 飛行□ 〔き〕 ／ 体□う 〔そう〕 に乗る。

---

3 漢字を書きましょう。漢字と送りがなで書きましょう。 （1つ4点）

① □□の集まり 〔し...みん〕

② 意見を□□する 〔よう...こう〕

③ れいぎ □□□り 〔れ...い...ほう〕

④ 規則を□□にする 〔き...あん...にする〕

⑤ 二十□□人 〔に...おく...へ...い〕

⑥ 規則を□□する 〔き...せ...い〕

⑦ □□な問題 〔かん...たん〕

⑧ □□を下す 〔あ...れ...い〕

⑨ 広告物を□□する 〔こう...こく...ぶつ...する〕

⑩ 気持ちを□□□。 〔あ...ら...た...める〕

漢字を知っトク！
「広告物をする」の「する」は、いんさつするという意味。「勉強をする」「食事をする」の「する」とはちがうよ。

74

37　包・帯・衣・旗・縄

| 月 | 日 | ⏰ | 時 分 ～ 時 分 |

名前　　　　　　　　　　　　　　　点

包

まちがえやすいところ…

読み方　音 ホウ　訓 つつむ

言葉　包む・包み紙・包囲

なり立ち　形声文字です。ほうからつつむ字です。

5画　⺈ ⺅ 勹 匂 包

帯

読み方　音 タイ　訓 おびる・おび

言葉　赤みを帯びる・熱帯魚・包帯

注意　上の部分の「卅」の筆順に注意しましょう。

10画　一 卅 卅 卅 卅 卅 帯 帯 帯

衣

読み方　音 イ　訓 ころも

言葉　白衣・衣食住・衣料品

ポイント　「衣食住」は人が生活するうえで欠かせない大事なものごとを表します。

衣服

6画　丶 ナ ナ 衣 衣 衣

旗

読み方　音 キ　訓 はた

言葉　旗を振る・国旗・校旗

注意　右側の「其」は、つき出す部分とつき出さない部分に注意しましょう。

14画　旗（略）旗 旗

縄

読み方　音 ジョウ　訓 なわ

言葉　縄を張り・縄とび・縄をなう

注意　右側は「田」ではなく、「日」を書いて、たて画を通して書きます。

15画　縄（略）縄

1

□に漢字を書きましょう。
（うすい字はなぞりましょう。）
（一つ4点）

① つつ（む）

② ほうたい

③ おびる

④ いふく

⑤ こっき

⑥ はた

⑦ なわとび

こうえい！書こう。

学んだ漢字 144字

漢字マスターまであと 58字 202字

小学4年 漢字

75

漢字を知っトク!
「白旗をかかげる」は、負けをみとめるという意味。白い旗は、戦う気がないことを表すものだよ。

2 ──の漢字の読みがなを書きましょう。 (1つ4点)

◆…まちがえやすい漢字

① 旗で合図する。（　　　）

② 白衣を着た医者。（　　　）

③ 南国の熱帯魚。（　　　）

④ 縄をなう。（　　　）
（糸をより合わせて、ひもなどを作る。）

⑤ 犯人を包囲する。（　　　）
（紙などで、ものをつつんでおおう。）

⑥ 着物の帯をしめる。（　　　）

⑦ 衣食住が足りる。（　　　）

⑧ 日本の国旗。（　　　）

3 漢字を書きましょう。送りがながひつようなものは、（　）は漢字と送りがなを書きましょう。 (1つ5点)

① ［　　］を買う。（い ふ く）

② 手に［　　］をまく。（ほう たい）

③ ［　　］をしめる。（き し ゅ）

④ ［　　］をとく。（ほう ちょう）

⑤ ◆［　　］をとぶ。（は し た）

⑥ ［　　］をとびこえる。（な わ）

⑦ 布の［　　］。
おび（furigana）

⑧ 赤みを［　　］。
おびる（furigana）

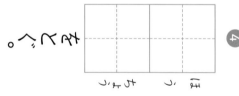

76

陸・沖・潟・漁・井

月　日　　時　分〜時　分
名前　　　　　　　　　　　点

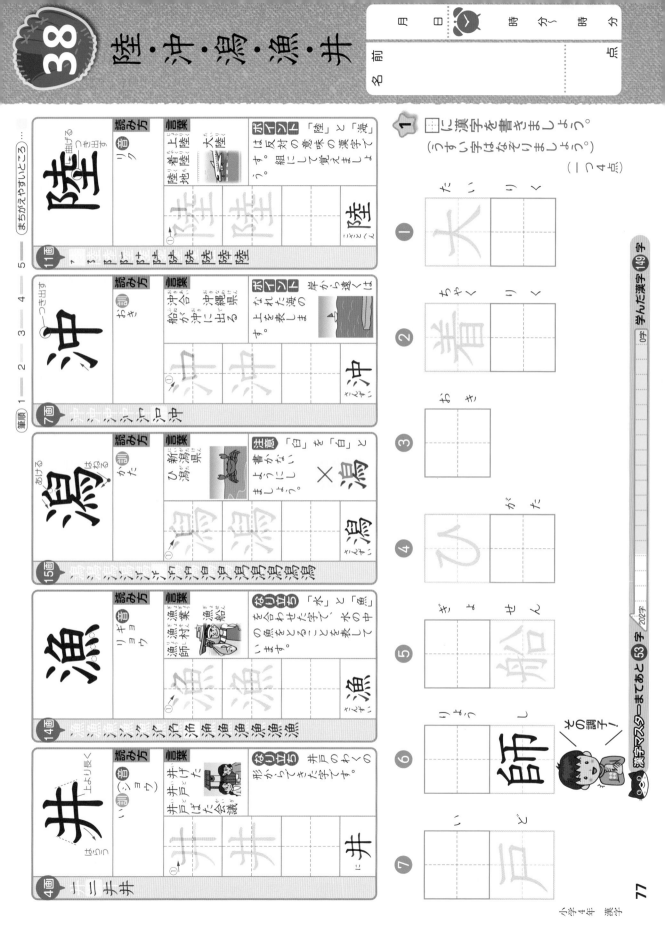

陸

まちがえやすいところ……

読み方	言葉	ポイント
音 リク	陸地・上陸・着陸・大陸	「陸」と「海」は反対の意味の漢字です。組にして覚えましょう。

11画　フ　ﾌ　ﾌ　ﾌ ﾌｰ　陟　陟　陸　陸　陸

りく

沖

読み方	言葉	ポイント
訓 おき	船が沖に出る・沖合・沖縄県	岸から遠くはなれた海の上を表します。

7画　ﾝ ﾝ ﾝ 汀 汀 沖

おき

潟

読み方	言葉	注意
訓 かた	新潟県・干潟	「臼」を「白」と書かないようにしましょう。×潟

15画　ﾝ ﾝ 氵 汀 汀 汗 涡 潟 潟 潟 潟 潟 潟

かた

漁

読み方	言葉	なり立ち
音 ギョ リョウ	漁業・漁船・漁村・漁師	「水」と「魚」を合わせた字で、水の中の魚をとることを表しています。

14画　ﾝ ﾝ 氵 汀 汀 泠 泠 泠 泠 渔 渔 漁 漁 漁

ぎょ

井

上より長く　はらう

読み方	言葉	なり立ち
訓 い（音 ショウ） セイ	井戸・天井・井戸ばた会議	井戸のまわりの形からできた字です。

4画　二 キ 井

い

1 □に漢字を書きましょう。
（うすい字はなぞりましょう。）
（一つ4点）

① だい　りく
大　　

② ちゃく　りく
着　　

③ お　き
□

④ ひ　がた
ひ　　

⑤ ぎょ　せん
船

⑥ りょう　し
師　　
その調子！

⑦ い　ど
戸　　

学んだ漢字 149字　0字
漢字マスターまであと53字　202字

②「漁」は、「リ」は、「ギョ」と読みません。

◆…まちがえやすい漢字

2 ① の漢字の読みがなを書きましょう。（1つ4点）

① 大漁を祝う。◆
（　　　）

② 陸地へ上がる。
（　　　）

③ 船が沖合に出る。◆
（　　　）

④ 井の中のかわず。
（　　　）

⑤ 漁業がさかんな町。
（　　　）

⑥ ひ潟の生物。
（　　　）

⑦ 台風が上陸する。
（　　　）

⑧ 漁港を出る。
（　　　）

3 ③ の漢字を書きましょう。（1つ5点）

① ［ギ｜ょ｜せ｜ん］に乗る。

② アメリカ［た｜い｜り｜く］

③ ［お｜き｜な］県

④ ［りょう｜し］になる。

⑤ ［ちょ｜う｜り］［い｜ど］

⑥ ［い｜ど］をほる。

⑦ ［にい｜がた］県へ行く。

⑧ ［ギ｜ょ｜そ｜ん］でくらす。

漢字を知っトク！
せまい井戸の中にいるかわず（＝かえる）は広い海を知らないから、世間知らずをたとえて「井の中のかわず」といいます。

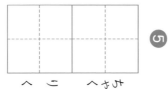
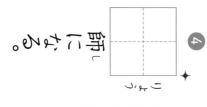

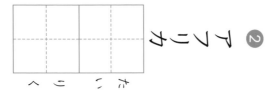
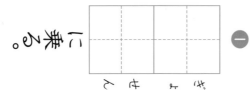

39 満・清・浅・泣

月　日　時　分〜時　分

名前　　　　　　点

まちがえやすいところ……

満

読み方　音 マン　訓 み(ちる)・み(たす)

言葉　自信に満ちる・満点・満員・満足

注意　「満る」としないようにしましょう。

送りがな「満ちる」

12画

清

読み方　音 セイ・ショウ　訓 きよ(い)・きよ(まる)・きよ(める)

言葉　身を清める・清書・清流

ポイント　清水（しみず）…「清水」はにごりのない水のことです。

特別な読み方　清水（しみず）

11画

浅

読み方　音 (セン)　訓 あさ(い)

言葉　ねむりが浅い・浅い川・水が浅い

ポイント　「浅い」の反対の意味の言葉は「深い」。

9画

泣

読み方　音 (キュウ)　訓 な(く)

言葉　泣き声・泣き顔・泣く

注意　「鳴く」との使い分けに注意。人が泣く場合は「泣く」を使います。

8画

もっと知っトク

「水が浅い」以外の使い方は……

「浅」には「考えや知識が少ない」という意味があります。自分のことをくりくだって言うときに、「わたしは浅学非才（＝学問が浅く才能もない）なもので……」などと使います。

---

1 □に漢字を書きましょう。（うすい字はなぞりましょう。）

（一つ4点）

① まんぞく　満足

② み(ちる)　満ちる

③ せいしょ　清書　／注意！／送りがなに

④ きよ(い)　清い

⑤ きよ(める)　清める

⑥ あさ(い)　浅い

⑦ な(く)　泣く

学んだ漢字 153字

漢字マスターまであと 49字

0字　　　202字

小学4年　漢字

79

2 次の漢字の読みがなを書きましょう。(1つ4点)

◆…まちがえやすい漢字

① ねむりが浅い。（　　　　　）

② 満点を取る。（　　　　　）

③ 清流でつりをする。（　　　　　）◆

④ 満員の電車に乗る。（　　　　　）

⑤ 清い心の持ち主。（　　　　　）

⑥ 容器に水を満たす。（　　　　　）◆

⑦ 考えが浅い。（　　　　　）

⑧ 弟が泣き顔になる。（　　　　　）

3 漢字を書きましょう。（　　）は送りがなも書きましょう。(1つ5点)

① 手紙を 〔せ い り〕 する。

② 結果に 〔ま ん ぞ く〕 する。

③ 〔そう〕 活動。

④ 〔あさ〕 い川。

⑤ 〔うれ〕 し なき。

⑥ 水が 〔きよ〕 まる。

⑦ 自信に 〔み ち〕 る。

⑧ 身を 〔きよ〕 める。

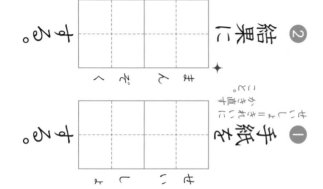

漢字を知っトク！ 「清三さん」というねんれいの表し方がある。ここでの「満」は、年がちょうどその数になるという意味だよ。

府

読み方　7画　音フ

言葉　府立の図書館　京都府　大阪府　都道府県

ポイント　都道府県の「府」は「京都府」「大阪府」の二つです。「府」が付く「都道府県」です。

8画　一广广广府府府

筆順　1　2　3　4　5

郡

読み方　音グン

言葉　郡部

ポイント　「β」は土地や場所に関係する字に付きます。

10画　郡

氏

読み方　音シ　訓うじ

言葉　氏名　氏族　山田氏

なり立ち　さじの形を表した字です。

4画　氏

官

読み方　音カン

言葉　教官　外交官　長官　器官

注意　形のにた字に「管」があるので注意しましょう。

8画　官

司

読み方　音シ　訓つかさ

言葉　司会　上司　司書

注意　形のにた字に「同」があるので注意しましょう。

5画　司

---

① □に漢字を書きましょう。
（うすい字はなぞりましょう。）
（一つ4点）

① きょうと　京都
② ふりつ　府立
③ ぐんぶ　郡部
④ しめい　名
⑤ きょうかん　教
⑥ しかい　会
⑦ じょうし　上

学んだ漢字158字　0字　44字　202字

81　小学4年漢字

◆…まちがえやすい漢字

2 ──線の漢字の読みがなを書きましょう。(1つ4点)

① 氏名 を紙に書く

② 郡部 に行くバス

③ 図書館の 司書。
（司書=図書館で図書を集めたり整理したりする人）

④ 長官 に住命される
（長官=仕事をする人）

⑤ 都道府県 の名前。

⑥ 郡 にある町村役場

⑦ 消化器官 の仕組み。
（消化器官=食べ物の消化を行うところ。）

⑧ 府立 の高校。

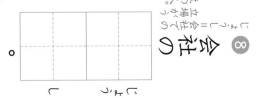

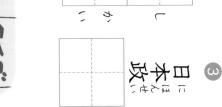
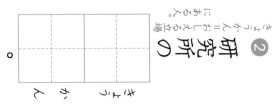
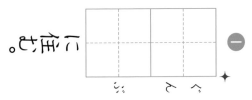

3 ──の□にあてはまる漢字を書きましょう。(1つ5点)

① □□ に住む。（くん）

② □□□ の研究所の（きかんじょ）

③ 日本政□（せいじ）

④ □□ 者（しかく）

⑤ □□□□（がいこうかん）

⑥ □□□（ぐんとちょう）

⑦ 住所と □□ を記す。（しめい）

⑧ 会社の □□ 。（じょうし）

月　日　●目標 15分

名前

点

1 ——の漢字の読みがなを書きましょう。　（一つ4点）

① （　　　　　　）衣料品 を買う。

② （　　　　　　）ゆかをはき清 める。

③ （　　　　　　）縄 とびの練習。

④ （　　　　　　）包帯 をまく。

⑤ （　　　　　　）学級会の 司会 をする。

⑥ （　　　　　　）包 み紙を開く。

⑦ （　　　　　　）ひ潟 ができる。

⑧ （　　　　　　）井戸水 をくむ。

⑨ （　　　　　）（　　　　　）沖 から岸まで泳いで 満足 する。

2 ——の漢字の読みがなを書きましょう。　（一つ2点）

① （　　　　　　）漁船 で海に出る。

② （　　　　　　）父は 漁師 だ。

③ （　　　　　　）校旗 をあげる。

④ （　　　　　　）旗 が風にはためく。

漢字を知っトク！　「氵（さんずい）」は、「漁」「沖」など水に関わる字に付くよ。

4 同じ読み方をする漢字を書きましょう。

（1つ3点）

② 流を下る。

① 安をたいする。

③ 書になる。

④ 名を記入する。

3 漢字を書きましょう。～～～ は、漢字と送りがなで書きましょう。

（1つ4点）

① の自然。

② 消化

③ キがおい。

④ 競技

⑤ の学校。

⑥ 子どものき声。

⑦ ゆかたのを買う。

⑧ を着る。

⑨ な歌声。

⑩ プールに水をたす。

84

月　日　　時　分〜時　分

名前　　　　　　　　　　　点

競

20画

筆順 1 2 3 4 5

まちがえやすいところ…曲げてはねる

読み方　音 キョウ・ケイ　訓 きそ（う）・せ（る）

言葉　競走・競馬・競争

注意　左側と右側の形のちがいに注意しましょう。

競

参

8画

はらう

回きに注意

読み方　音 サン　訓 まい（る）

言葉　参考・参加・参照・参観

なり立ち　かんざしを付けた女の人を表します。もとは「參」。「参」と書きます。

参

勇

9画

はねる　つき出す

読み方　音 ユウ　訓 いさ（む）

言葉　勇者・勇気・勇士

注意　上の部分は「マ」です。「マ」や「ム」と書かないようにしましょう。

勇

副

11画

はねる

読み方　音 フク

言葉　副読本・副社長・副作用

注意　形のにた字に「福」があります。

副

佐

7画

少し長く

はらう

読み方　音 サ

言葉　大佐・中佐・少佐・佐賀県

ポイント　人をたすけるという意味と、官階の名で重い意味があります。

佐

1

□に漢字を書きましょう。
（うすい字はなぞりましょう。）
（一つ4点）

① きょう そう
競走

② さん か
参加

③ まい る
参る

④ ゆう き
勇気

⑤ こ む

⑥ ふく どく ほん
副読本

⑦ さ が けん
佐賀県

② ――の漢字の読みがなを書きます。

★…まちがえやすい漢字

（4点1つ）

1 佐賀県の特産品。（　　　　）

2 副読本を読む。（　　　　）
副読本＝教科書の他に、読み物に、学習のために使う

3 授業参観の日。（　　　　）

4 勇者をたたえる。（　　　　）

5 玉入れ競争をする。（　　　　）

6 勇んで出かける。（　　　　）

7 お宮参りをする。（　　　　）

8 副作用の少ない薬。（　　　　）
副作用＝薬を使ったときに起こる、体に害になる

③ 漢字を書きましょう。送りがなで書きましょう。

（1つ5点）

① 〔　　〕を出す。

② 〔　　〕本を〔　　〕する。

③ 百メートル〔　　　〕。（きょうそう）

④ 〔　　　　〕。（ふくさよう）

⑤ 〔　　〕ましい男。（いさ）

⑥ 部長の〔　〕。（さ）

⑦ 〔　　〕を見る。（けいば）

⑧ 寺に〔　　〕。（まい）

漢字を知ットク！「競走」は、走る速さをきそうときに使い、「競争」は、「走る」以外のことをきそうときに使うよ。

43 栄・養・飯・塩・焼

月　日　時　分〜時　分

名前　　　　　　　点

栄
まちがえやすいところ

止める／回し忘れに注意

読み方　音 エイ　訓 さか（える）

言葉　町に光る栄光／光が栄える

注意　上の部分は「ツ」ではなく、「ヽ」です。　栄○ 栄✕

9画　栄栄栄栄栄栄栄栄栄

養
長く／はらう

読み方　音 ヨウ　訓 やしな（う）

言葉　静かに栄養／家族を養う／気分を養う

注意　上の部分は「美」です。「羊」と書かないようにしましょう。

15画　養養養養養養養養養養養養養養養

飯
止める

読み方　音 ハン　訓 めし

言葉　昼ごはんを食べる／赤飯／夕飯

注意　「飯」と「食」の形のちがいに注意しましょう。

12画　飯飯飯飯飯飯飯飯飯飯飯飯

塩
つき出す／右上へ

読み方　音 エン　訓 しお

言葉　塩気／塩分／塩水

注意　「キ」の形に注意しましょう。三画目は右上にはらいます。

13画　塩塩塩塩塩塩塩塩塩塩塩塩塩

焼
止める／はねる

読み方　音 ショウ　訓 や（く）・や（ける）

言葉　夕焼け／魚を焼く／パンが焼ける

注意　「尭」と「火」の形のちがいに注意しましょう。

12画　焼焼焼焼焼焼焼焼焼焼焼焼

1　□に漢字を書きましょう。（うすい字はなぞりましょう。）（一つ4点）

① さか（える）

② え（い）よ（う）

③ ゆう　はん

④ ひる　めし

⑤ しお　え（ん）

⑥ しお　みず

⑦ や（く）

いっしょに覚えよう！

学んだ漢字 168字　0字

漢字マスターまであと 34字　202字

87

小学4年 漢字

◆…まちがえやすい漢字

2 ——線の漢字の読みがなを書きましょう。（1つ4点）

① 赤飯をたべる。（　　）

② 塩気のある料理。（　　）◆

③ 休養を取る。（　　）

④ 夕焼けの空を見る。（　　）

⑤ 栄光にかがやく。（　　）

⑥ 塩分をひかえる。（　　）◆

⑦ 光栄に思う。（　　）

⑧ にぎり飯を作る。（　　）

3 漢字を書きましょう。（——は、漢字と送りがなで書きましょう。）（1つ5点）

① ［　　］に つける。（しおみず）

② 魚を［　］く。（や）◆

③ ［　　］の した へ。（ゆうはん）

④ ［　　］の ［　］へ。

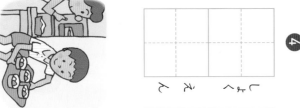

⑤ ［　　］のある食事。（えいよう）

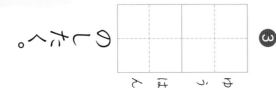

⑥ ［　　］を食べる。（ひるめし）

⑦ 家族を［　　　　］。（やしなう）

⑧ 町が［　　　　］。（さかえる）

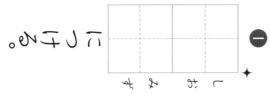

漢字を知ロトク！「栄光」は、かがやかしいほまれのこと。「光栄」は、自分でほこらしく思うことをいうよ。

44 戦・軍・争・隊・兵

月　日　時　分〜時　分
名前　　　　　　　　　点

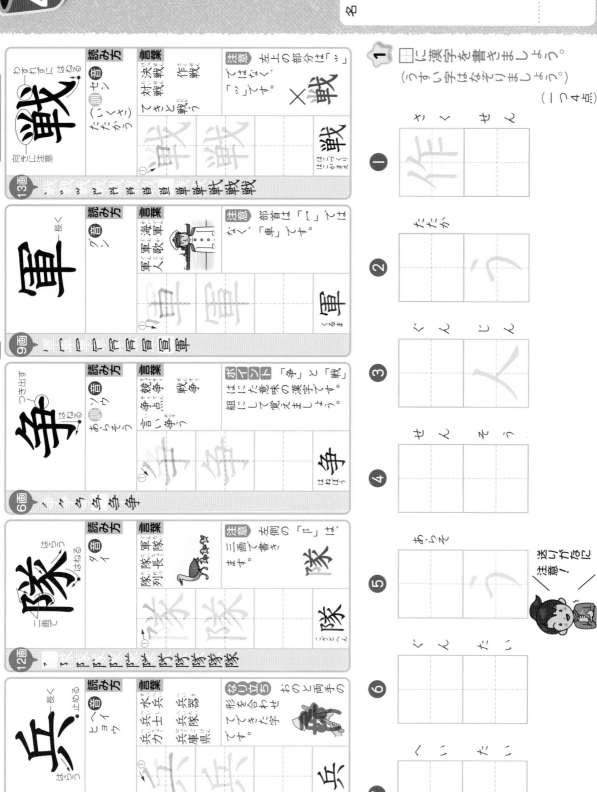

まちがえやすいところ……

戦 たたかう・いくさ
読み方　音 セン　訓 たたか(う)・いくさ
言葉　対決・作戦・戦う
注意　左上の部分は「ツ」ではなく、「シ」です。
13画　戦戦戦戦戦戦戦戦戦戦戦戦戦

軍 ぐん
読み方　音 グン
言葉　軍人・軍歌・海軍
注意　部首は「冖」で「車」です。
9画　軍軍軍軍軍軍軍軍軍

争 あらそう
読み方　音 ソウ　訓 あらそ(う)
言葉　競争・言い争う・戦争
ポイント　「争」と「戦」は、組にした意味の漢字です。覚えましょう。
6画　争争争争争争

隊 たい
読み方　音 タイ
言葉　隊列・軍隊・楽隊
注意　左側の「阝」は三画で書きます。
12画　隊隊隊隊隊隊隊隊隊隊隊隊

兵 へい
読み方　音 ヘイ・ヒョウ
言葉　兵力・兵士・水兵・兵器・兵庫県
なり立ち　おのと両手の形を合わせてできた字です。
7画　兵兵兵兵兵兵兵

1 □に漢字を書きましょう。
（うすい字はなぞりましょう。）
（一つ4点）

① さく せん　作〔戦〕

② たたか　〔戦〕う

③ ぐん じん　〔軍〕〔人〕

④ せん そう　〔戦〕〔争〕

⑤ あらそ　〔争〕う

注意！送りがなに

⑥ ぐん たい　〔軍〕〔隊〕

⑦ へい たい　〔兵〕〔隊〕

学んだ漢字 173字
0字
漢字マスターまであと 29字　202字

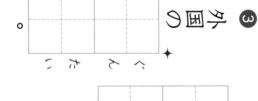
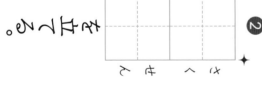
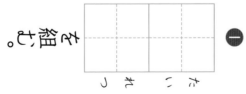

③
①・③・⑤

2 ──の漢字の読みがなを書きましょう。(1つ4点)

★…まちがえやすい漢字

① <u>戦争</u>に<u>反対</u>する。（　）

② <u>イギリス</u>の<u>海軍</u>。（　）
海軍＝国の海をまもる軍隊

③ 意見を<u>戦</u>わせる。（　）

④ おもちゃの<u>兵器</u>。（　）

⑤ <u>決戦</u>をいどむ。（　）
決戦＝最後の勝負を決める戦い

⑥ <u>隊長</u>が先頭に立つ。（　）

⑦ 妹と言い<u>争</u>う。（　）

⑧ <u>水兵</u>が整列する。（　）
水兵＝海軍の兵士

3 ──は漢字と送りがなで書きましょう。
□は漢字を書きましょう。(1つ5点)

① □□（たいれつ）を組む。

② □□（さくせん）を立てる。

③ 外国の★□□（ぐんたい）。

④ 魚つりの□□（ぎょせん）。

⑤ □□（へいたい）。

⑥ □□（ぐんたい）の行進。

⑦ 敵と～～（てき・たたかう）。

⑧ 勝敗を～～（あらそう）。

90

45 かくにんテスト ⑨

1 ——の漢字の読みがなを書きましょう。　（一つ4点）

（　　　　　）
① 文明が栄える。

（　　　　　）
② 兵庫県の工芸品。

（　　　　　）
③ 塩水を作る。

（　　　　　）
④ 軍隊が出動する。

（　　　　　）
⑤ 対戦相手が決まる。

（　　　　　）
⑥ 子どもを養う。

（　　　）（　　　）
⑦ 徒競走に参加する。

（　　　）（　　　）
⑧ 戦う勇士をえがいた絵画。

2 ——の漢字の読みがなを書きましょう。　（一つ2点）

（　　　　　）
① おこしご飯。

（　　　　　）
② 昼飯の時間だ。

（　　　　　）
③ 争点を整理する。

（　　　　　）
④ 争いをさける。

漢字を知ロトク！「参万円」は「三万円」のこと。「一」「二」「三」は書きかえられやすいから、書きかえにくい漢字で書くことがあるんだよ。

3 漢字を書きましょう。～～～は、漢字と送りがなで書きましょう。（1つ4点）

① 注を□□する。

② □□が強い。

③ □□□が豊富な土。

④ □□県出身

⑤ □□□のない世界。

⑥ 陸上□□の選手。

⑦ □□□に行進曲。

⑧ □□□が流れる。

⑨ 神社に～～～。
（まいる）

⑩ パンが～～～。
（やける）

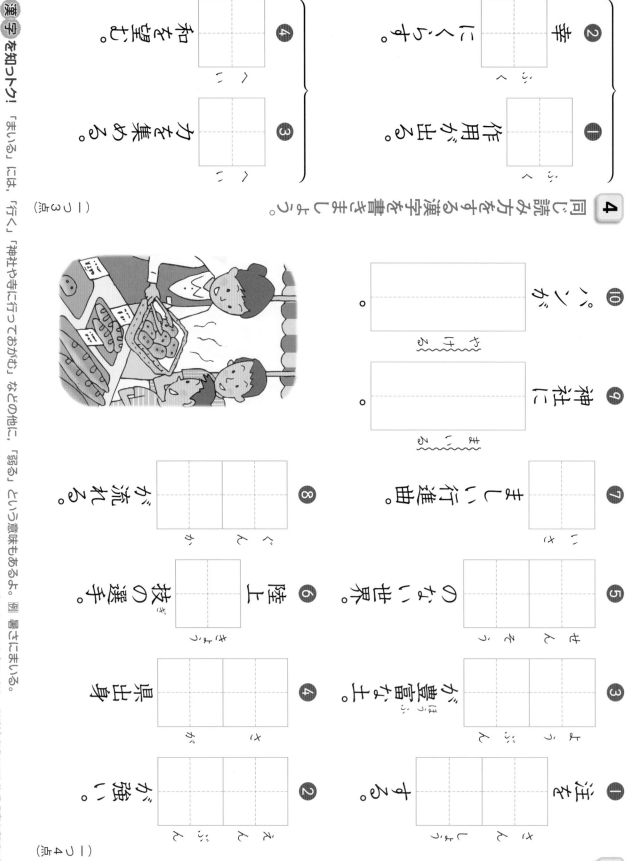

4 同じ読み方をする漢字を書きましょう。（1つ3点）

① □□作用が止まる。

② 幸□□にへらす。

③ □□力を集める。

④ □□和を望む。

漢字を知っトク！　「まいる」には、「行く」「神社や寺に行っておがむ」などの他に、「弱る」という意味もあるよ。例　暑さにまいる。

月　日　　時　分～時　分

前
名

点

小学4年　漢字

建

まちがえやすいところ……

つき出す
つき出す
二画で

【読み方】
音　ケン
たてる
たつ

【言葉】
家を建てる
建物
建国

【注意】
「廴」を「辶」と書かないようにしましょう。

建設（けんせつ）

9画
7　ア　ユ　ヨ　聿　聿　肂　建

筆順 1 — 2 — 3 — 4 — 5

巣

はらう
止める
回す（はねに注意）

【読み方】
訓　す

【言葉】
巣立つ
巣箱
鳥の巣

【なり立ち】
元の字は「巢」です。「木」（き）と「巛」（鳥の巣）を合わせた字です。

巣（す）

11画
｀　ｲ　ｯ　ｲｲ　ｼﾞ　肖　当　単　巣

城

わすれずに
はねる

【読み方】
音　ジョウ
訓　しろ

【言葉】
大きな城
城門
城下町
城主

【ポイント】
都道府県名として使われる場合は、特別な読み方となります。

城（しろ）

9画
一　土　圭　圭　圹　圻　城　城　城

倉

つき出す
はらう

【読み方】
音　ソウ
訓　くら

【言葉】
倉を開ける
米倉
倉庫

【注意】
横画は一本です。二本にしないようにしましょう。「戸」の中にある。

倉（くら）

10画
ｸ　ｹ　今　今　今　倉　倉　倉　倉

街

はねる
止める

【読み方】
音　ガイ（カイ）
訓　まち

【言葉】
街商店
街角
市街地
街灯

【注意】
「町」との使い分けに注意しましょう。店が多くにぎやかな場所には「街」を使います。

街（まち）

12画
彳　彳　彳　彳　律　徍　街　街　街

漢字マスターまであと 24字　202字

学んだ漢字 178字

1　□に漢字を書きましょう。
（うすい字はなぞりましょう。）
（一つ4点）

① けんせつ　設

② たてる

③ すばこ　箱

④ しろ

⑤ そうこ　庫

⑥ くら

⑦ しょうてんがい　商店

見直しはできたかな？

③
❶ 九画目は、左はらいから書きます。

2
❖ まちがえやすい漢字

──の漢字の読みがなを書きます。（4点1つ）

① 倉庫に荷物を運ぶ。（　　　）
② 建国記念の日（　　　）
③ 城あとを整備する。（　　　）
④ 鳥が巣立つ。（　　　）
⑤ 城下町が栄える。（　　　）
⑥ 建物の中に入る。（　　　）
⑦ 米倉に米をしまう。（　　　）
⑧ 市街地が広がる。（　　　）

3
漢字を書きましょう。（　）は送りがなで書きましょう。（1つ5点）

① ビルを〔けんせつ〕する。

② 〔まち〕で、〔ひと〕に会う。

③ くもの〔す〕を〔はっけん〕する。

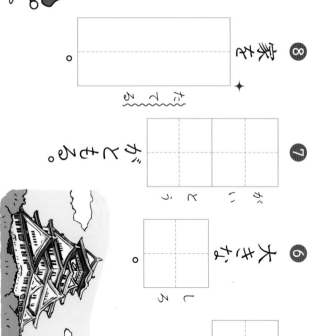

④ 〔じょうもん〕が開く。

⑤ 〔くら〕を開ける。

⑥ 大きな〔しろ〕。

⑦ 〔かいとう〕がとける。

⑧ 家を〔たてる〕。

漢字を知っトク！　ビルなどの大きなものをつくる場合には「建てる」、旗などをまっすぐ起き上がらせる場合には「立てる」を使うよ。

月　日　時　分～時　分

名前　　　　　　　　　　点

まちがえやすいところ……

夫

読み方　音 フ（フウ）　訓 おっと
言葉　夫と妻　漁夫　農夫
ポイント　なる言葉は「妻」です。

「夫」と組に

4画　一二チ夫

筆順 1 2 3 4 5

児

読み方　音 ジ（ニ）
言葉　児童書　育児　園児
なり立ち　まだ頭のはねが固まっていない子どもを表した字です。

7画　ノ ｜ 旧 旧 旧 児

徒

読み方　音 ト
言葉　徒歩　生徒　徒競走
ポイント　歩いて行く者などの意味があります。

10画　彳 彳 彳 行 徃 徃 徒 徒

老

読み方　音 ロウ　訓 おいる
言葉　老人　老化　老木
なり立ち　こしが曲がった老人の様子を表した字です。

6画　一 十 土 耂 老 老

孫

読み方　音 ソン　訓 まご
言葉　子孫　初孫　孫が生まれる
注意　右側は「系」と書かないようにしましょう。

10画　了 了 孓 孖 秃 称 称 孫 孫

1 □に漢字を書きましょう。
（うすい字はなぞりましょう。）
（一つ4点）

① ふ じん　夫人

② じ どう しょ　児童書

③ せい と　生徒

④ ろう じん　老人

⑤ お　いる　老いる

⑥ し そん　子孫

⑦ はつ まご　初孫

その調子！

学んだ漢字 183字　0字　202字

漢字マスターまであと 19字

❸ ●「じ」の「こ」の部分を、ひつなど書くようにしましょう。

右欄外（たて書き）

漢字を知っトク！「児童」は小学生の子どものこと。中学生や高校生は「生徒」といい、大学生になると「学生」という。

---

2 ──の漢字の読みがなを書きましょう。

★…まちがえやすい漢字

（1つ4点）

① 駅まで★徒歩で行く。（　　　）

② ようち園の園児。（　　　）

③ ゴムが★老化する。（　　　）
　老化＝時間がたって、物の特色がなくなること。

④ 徒競走に出る。（　　　）

⑤ 年老いた犬とくらす。（　　　）
　老いる＝年をとる。

⑥ 孫の世話をする。（　　　）

⑦ 漁夫が魚をとる。（　　　）
　漁夫＝漁師。

⑧ 児童書を借りる。（　　　）

---

3 ──は漢字を書きましょう。〰〰は漢字と送りがなで書きましょう。

（1つ5点）

① ★公園で遊ぶ。

② 田植えをする。

③ 　が整列する。

④ 　をあらす。

⑤ 　麦。

⑥ 　をにわたる。

⑦ 王族の　　。

⑧ 祖父が〰〰〰〰。

96

松・菜・梅・芽・牧

まちがえやすいところ……

松

止める。

読み方	言葉	注意
音 ショウ 訓 まつ	松ぼっくり 松の竹 松林 松竹梅	右上は「く」です。松〇 松× です。

〈筆順〉1 — 2 — 3 — 4 — 5

8画 一 十 オ 才 朴 杉 松 松

松　松　松ぼっくり

菜

止める。

読み方	言葉	注意
音 サイ 訓 な	青菜 野菜 菜園 菜の花 山菜	部首は「くさかんむり」です。「十」ではなく「サ」。植物に関係する字に付きます。

11画 一 十 艹 艹 艾 苹 苹 莖 菜 菜 菜

菜　菜　やさい

梅

止める。

読み方	言葉	注意
音 バイ 訓 うめ	梅酒 梅雨 梅園 梅ぼし 梅前線	右下は「母」です。「母」と書かないようにしましょう。

10画 一 十 オ 才 朴 朴 柞 梅 梅 梅

梅　梅　ばいりん

芽

止める。

読み方	言葉	注意
音 ガ 訓 め	芽 新芽 発芽 芽生える 芽が出る	六画目は右につき出して書きます。

8画 一 十 艹 艹 芋 芽 芽

芽　芽　めばえ

牧

止める。

読み方	言葉	ポイント
音 ボク 訓 (まき)	牧場 牧草 牧場 牧民 遊牧	牛や馬を放しがいにする所を牧場といいます。「牧」には、野原などの家ちくを放しがいにするという意味があります。

8画 ノ 一 ナ 牛 牛 牝 牧 牧

牧　牧　ぼくじょう

0字　学んだ漢字 188字

1 □に漢字を書きましょう。
（うすい字はなぞりましょう。）
（一つ4点）

① まつ ばやし
□ 林

② や さい
野 □

③ な はな
□ の 花

④ う め ぼし
□ □ ぼし

⑤ は つ が
発 □

⑥ し ん め
新 □

⑦ ぼ く じょう
□ 場

書けたかな。

漢字マスターまであと14字 202字

2 ──の漢字の読みがなを書きましょう。(1つ4点)

◆…まちがえやすい漢字

① 手作りの梅酒。◆ （　　　）

② 牛が牧草を食べる。◆ （　　　）

③ 松竹梅のめでたい絵。 （　　　）

④ 友情が芽生える。 （　　　）

⑤ 草原にくらす遊牧民 （　　　）
遊牧民＝えさとなる牧草をもとめて、牛や馬などをかいながらくらす人々。

⑥ 楽園ですなどを作る。 （　　　）

⑦ 梅雨前線が近づく。 （　　　）
梅雨前線＝六月から七月に、日本付近に北の冷たい空気と南のあたたかい空気がぶつかってできる長雨をふらす前線。六月から七月ごろ。

⑧ 青菜をにためる。 （　　　）

---

3 漢字を書きましょう。(1つ5点)

① 種が ◆□□ する。（は つ が）

② □□ を育てる。（や さ い）

③ □□に□□をうえる。（ば い　な え　に）
植える＝草木をたくさんうえておく場所へ。

④ □ の花をつむ。（な）

⑤ ◆□□ し。（め う ぼ）

⑥ □□からめぶく。（し ん め）

⑦ □□ を歩く。（ま つ し）

⑧ □□ が広がる。（ほ へ じょう）

漢字を知ット！ 冬でも緑をたもつ松、竹と、花をさかせる梅は、昔からめでたいものとされてきた。松・竹・梅で等級を表すこともあるよ。

月　日　●目標 15分　名前　　点

1 ——の漢字の読みがなを書きましょう。 (一つ4点)

① 城門 を守る。

② 子孫 を残す。

③ 倉 から食料を出す。

④ つばめが 巣 を作る。

⑤ 菜 の花がさく。

⑥ 街明 かりが見える。

⑦ 夫 は 建設会社 につとめている。

⑧ 松 の 老木 を大切に守る。

2 ——の漢字の読みがなを書きましょう。 (一つ2点)

① 梅園 を歩く。

② 梅 ぼしを食べる。

③ 豆が 発芽 する。

④ 新芽 が出る。

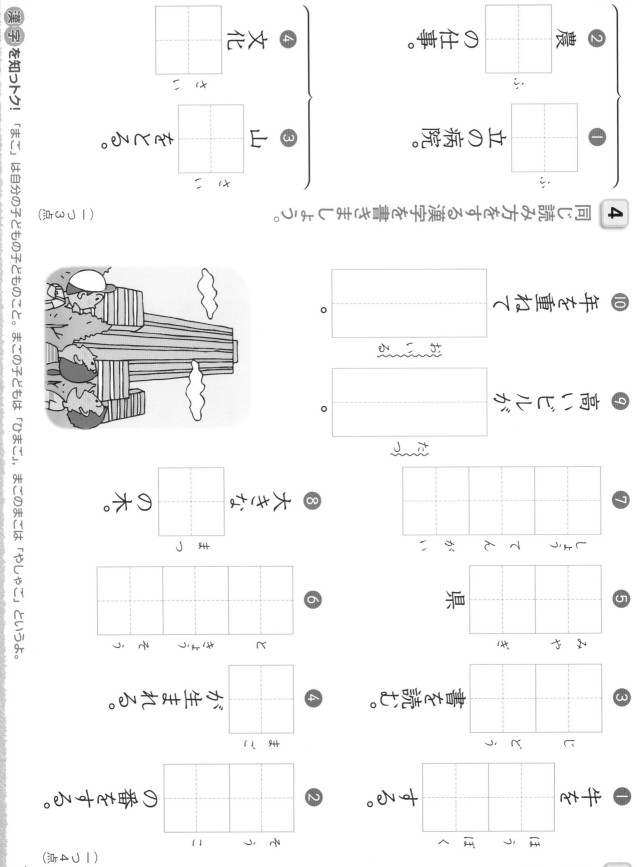

漢字を知るコトク! 「まご」は自分の子どもの子のこと。まごの子どもは「ひまご」、まごのまごは「やしゃご」というよ。

4 同じ読み方をする漢字を書きましょう。 （1点×3）

② 農□□の仕事。
① 立□の病院。
④ 文化□□
③ 山□□をとる。

3 漢字を書きましょう。～～は、漢字と送りがなで書きましょう。 （1点×4）

① 牛を□□□する。（はなつ）
② □□□の番をする。
③ □□を読む。（しょ）
④ □□が生まれる。（き）
⑤ □□県（みやぎ）
⑥ □□□□
⑦ □□□□
⑧ 大きな□□の木。（き）
⑨ 高いビルが□□□。（たつ）
⑩ 年を重ねて□□□。（おいる）

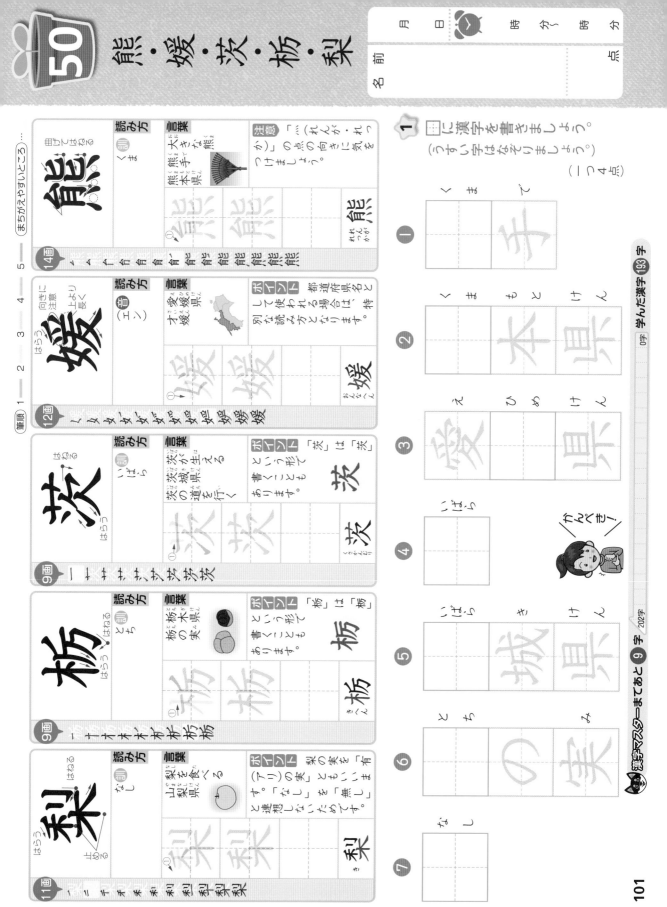

まちがえやすいところ……

熊 14画
曲げてはねる
読み方 （訓）くま
言葉 大きな熊／熊手／熊本県
注意 「灬（れっか・れんが）」の点の向きに気をつけましょう。

筆順 1 2 3 4 5
ハ ム 介 角 育 育 能 能 能 能 能 能 能 能

媛 12画
向きに注意　上より長く
はらう
読み方 （音）エン
言葉 才媛／愛媛県
ポイント 都道府県名として使われる場合は、特別な読み方となります。

筆順
し 女 女 女 女 妒 妒 娓 媛 媛 媛

茨 9画
はねる
はらう　はらう
読み方 （訓）いばら
言葉 茨が生える／茨城県／茨の道を行く
ポイント 「茨」は「茨」という形で書くこともあります。

筆順
一 十 艹 共 艹 艻 茨 茨 茨

栃 9画
はらう
読み方 （訓）とち／とち
言葉 栃の実／栃木県
ポイント 「栃」は「栃」という形で書くこともあります。

筆順
一 十 才 木 栃 栃 栃 栃 栃

梨 11画
はらう　止める
読み方 （訓）なし
言葉 山梨県／梨を食べる
ポイント 梨の実を有（ア）リの実ともいいます。「なし」を「無し」と連想しないためです。

筆順
一 二 千 千 禾 利 利 梨 梨 梨 梨

1 □に漢字を書きましょう。
（うすい字はなぞりましょう。）
（一つ4点）

① く ま で

② く ま も と け ん
熊 本 県

③ え ひ め け ん
愛 媛 県

④ い ばら

⑤ い ばら き け ん
茨 城 県

⑥ と ち の み
栃 の 実

⑦ な し

がんばき！

学んだ漢字 193字　0字

漢字マスターまであと 9 字　202字

◆…まちがえやすい漢字

2 ──の漢字の読みがなを書きましょう。(1つ4点)

① 茨城県の学校に通う。（　）

② 愛媛県の名物。（　）

③ 熊手を使う。（　）

④ 栃木県のみやげ物。（　）

⑤ 山梨県産のぶどう。（　）

⑥ 茨のとげがささる。（　）

⑦ 熊本城へ行く。（　）

⑧ 栃の実を拾う。（　）

3 ──に漢字を書きましょう。(1つ5点)

① ［なし］を食べる。

② ［とちぎ］県に住む。

③ ［えひめ］県

④ 大きな［くま］。

⑤ ［いばらき］県の出身。

⑥ ［やまなし］県の歴史。

⑦ ［いばら］が生える。

⑧ ［くまもと］県の名士。

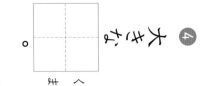

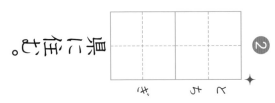

漢字を知っトク！
「茨」はとげやとげのある木を意味することから、苦しみの多い人生をたとえて「茨の道」という。

月　日　　時　分～時　分
名前
点

まちがえやすいところ…

筆順　1 ── 2 ── 3 ── 4 ── 5 ──

鹿

読み方	言葉	注意
（訓）か しか	鹿が鹿の見こ角。鹿こ島県。	部首は「广（まだれ）」ではなく、「鹿（しか）」です。

11画　一 ナ 广 广 庐 庐 鹿 鹿 鹿 鹿 鹿

し か

岡

読み方	言葉	注意
（訓）おか	静岡県。岡山県。福岡県。岡持ち	部首は「冂（けいがまえ・どうがまえ・まきがまえ）」ではなく「山（やま）」です。

8画　1 冂 冂 冂 門 門 岡 岡

や ま

岐

読み方	言葉	ポイント
（音）キ	分岐・多岐・岐阜県。岐路。	都道府県名として使われる場合と読み方をとりあげています。特に列がな読み方をとりあげています。

7画　1 山 山 山 岐 岐 岐

ぎ ふ けん

阜

読み方	言葉	ポイント
（音）フ	岐阜県。	土をもり上げた様子を表しこれにもとづいたものが「阜（こざとへん）」です。

8画　1 ア 白 白 白 阜 阜

おか

滋

読み方	言葉	ポイント
（音）ジ	滋賀県。滋味・滋養。	都道府県名として使われる場合は、特に列がな読み方をとりあげています。

12画　氵 氵 氵 汐 汐 汐 滋 滋 滋 滋 滋 滋

し が けん

---

1 □に漢字を書きましょう。
　（うすい字はなぞりましょう。）
　　　　　　　　　　　　　（一つ4点）

筆順も注意！

① □□
　し か

② □ の 字
　か　　こ

③ □ 持ち
　おか　も

④ 静□　□県
　しず おか　けん

⑤ 福□　□県
　ふく おか　けん

⑥ □□県
　ぎ ふ けん

⑦ □□県
　し が けん

「が」の下が、直後の右の舌の形のちがいに注意しましょう。

2 ──の漢字の読みがなを書きましょう。(1つ4点)

◆① りっぱな鹿の角。
（　　　　　）

② 岡持ちで運ぶ。
（　　　　　）
岡持ち＝料理や食べ物を入れて運ぶための、ふたの付いた箱。

◆③ 岐阜県の観光地。
（　　　　　）

④ 鹿児島県に住む。
（　　　　　）

⑤ 岡山県の民話。
（　　　　　）

⑥ 滋賀県民。
（　　　　　）

⑦ 岡目八目。
（　　　　　）
岡目八目＝直接関係しない人のほうが、事を正しく判断できるということ。

⑧ 鹿にえさをやる。
（　　　　　）

3 漢字を書きましょう。(1つ5点)

◆① □□□県
（か ご し ま）

② 県産の□□□。
（ぶ く お）

③ □□県の湖。
（し が）

④ □の群れ。
（し か）

⑤ □□県
（し ず お）

⑥ □□旅行。
（ぎ ふ）

⑦ 木製の□□□ち。
（お か も）

⑧ □の子だち。
（か）

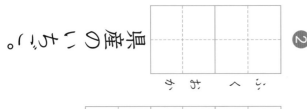

漢字を知っトク! 利益を得ることに熱中するあまり、他をかえりみるよゆうがないことをたとえて「鹿を追う者は山を見ず」、という。

52 埼・﨑・奈・阪

埼

読み方 さい

言葉 埼玉県

注意 「つちへん」は「土」で、三画目が右上がりになります。

まちがえやすいところ

11画 一ナオオオガ坊坊埼埼

﨑

読み方 さき

言葉 宮崎県・長崎県

注意 「埼」とまちがえないようにしましょう。

11画 1 山 山 屮 炉 炉 嵜 嵜 崎

奈

読み方 ナ

言葉 奈良県・神奈川県・奈落

ポイント 「示」の上の横画が入る形です。「大」の下に「示」。

8画 一ナ大太杰杰奈奈

阪

読み方 (ハン)

言葉 大阪府・阪神・京阪地方

ポイント 都道府県名として使われる場合は、持と列な読み方となります。

7画 了了了了阝阝阪

もっと知っトク 「反」の付く漢字

「阪」と同じ「反」の付く漢字には、「そりかえる」「かえる」という意味と関係のある「坂」「板」「返」などがあります。部首に注目してそれぞれの意味を考えてみましょう。

---

1 □に漢字を書きましょう。（うすい字はなぞりましょう。）

（一つ4点）

① さい　たま

② なが　さき

③ みや　ざき

④ か　な　がわ（神　川）

⑤ な　らく（落）

⑥ な　ら（良）

⑦ おお　さか（大）

学んだ漢字 202字

漢字マスターおめでとう！ がんばった

「崎」は、「大」ではなく「大」と書きます。

◆……まちがえやすい漢字

2 ──の漢字の読みがなを書きましょう。（1つ4点）

◆ 奈落＝物事のどん底。

① 奈落の底。（　　　　）

② 長崎県に行く。（　　　　）

③ 大阪府に住む。（　　　　）

④ 奈良県にあるお寺。（　　　　）

⑤ 宮崎市に帰省する。（　　　　）

⑥ 神奈川県の地図。（　　　　）

⑦ 埼玉県で育つ。（　　　　）

⑧ 長崎市内を観光する。（　　　　）

3 ──に漢字を書きましょう。（1つ5点）

① □□□ 県の大学。
　（さ・い・た・ま）

② □□ 市 の大仏。
　（お・お・さ・か）

③ □□ の大仏。
　（な・ら）

④ □□□ 県知事
　（み・や・ざ・き）

⑤ □□□□ 県
　（か・な・が・わ）

⑥ □□ 城で会う。
　（お・お・さ・か）

⑦ □□□ 県の港。
　（な・が・さ・き）

⑧ □□ におちる。
　（な・ら）

漢字を知っトク！「大阪」は、昔は「大坂」とも書かれていたけど、明治時代に「大阪」が正式な書き方になったよ。

53 かくにんテスト 11

月　日　●目標 15分

名前

点

1 ——の漢字の読みがなを書きましょう。（一つ4点）

（　　　）
① 茨城県水戸市

（　　　）
② 愛媛県は四国地方だ。

（　　　）
③ 滋賀県から通う。

（　　　）
④ 静岡県はお茶の名産地だ。

（　　　）
⑤ 栃木県の観光大使。

（　　　）
⑥ 岐阜県はうかいで有名だ。

（　　　）
⑦ 熊本県産の梨。

（　　　）（　　　）
⑧ 奈良県と大阪府はとなり合っている。

2 ——の漢字の読みがなを書きましょう。（一つ2点）

（　　　）
① 鹿のえさ。

（　　　）
② 鹿の子まだら。

（　　　）
③ 長崎市生まれ

（　　　）
④ 宮崎県でくらす。

漢字を知るコトク！「媛」には、「美しくすぐれた女性」という意味があるよ。「才媛」は、頭のよい女性を表す言葉だよ。

4 □に合う形の漢字を書きましょう。 （1つ3点）

② 長□□県で育つ。

① □□県の王様。

④ □□車を用する。

③ 山□□の職員。

3 漢字を書きましょう。 （1つ4点）

⑩ □□□県の鳥。 県の鳥はきじだ。

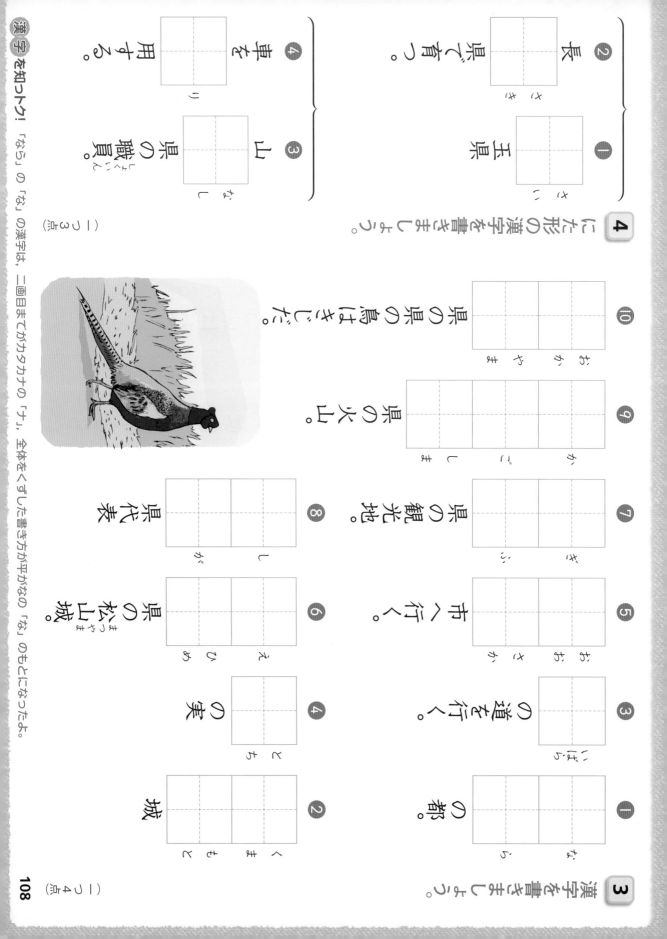

⑨ □□□県の火山。

⑦ □□の観光地。

⑤ □□□市へ行く。

③ □□の道を行く。

① □□の都。

⑧ □□県代表

⑥ □□の松山城。

④ □の実

② □□□城

108

54 まとめのテスト①

1 ──の漢字の読みがなを書きましょう。　　（一つ4点）

① （　　　　　） こきんと 対戦 する。

② （　　　　　） 思案 をめぐらす。

③ （　　　　　） 薬の 成分 を調べる。

④ （　　　　　） 海軍 の兵士。

⑤ （　　　　　） 美しい 光景 が広がる。

⑥ （　　　　　） 川の 水量 がふえる。

⑦ （　　　　　） 長所を 列挙 する。

⑧ （　　　　　） 青々と 松葉 がしげる。

2 漢字を書きましょう。　　（一つ3点）

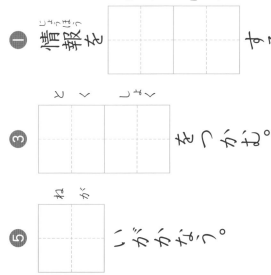

① 情報を ［きょう］［ゆう］ する。

② 新しい ［ひん］［しゅ］ の花。

③ ［と］［しょく］ をつかむ。

④ えいがの ［は］［い］［きゅう］。

⑤ ［ね］［が］ いがかなう。

⑥ 説明を ［は］［ぶ］ く。

漢字を知ってトク！ 「光景」は、けしきや様子という意味の言葉。にた意味の言葉に「風景」などがあるよ。

5 同じ読み方で、意味のちがう漢字を書きましょう。 (1つ4点)

⑥ 市の □（かん）光案内所。

⑤ コースを □（かん）走する。

② 家の □（ちか）くを歩く。

① □（あん）定な形。

⑦ 鳥が □（な）く。

③ 夏は □（あつ）い。

④ □（あつ）いお茶。

⑧ 赤ちゃんが □（な）く。

4 次の漢字に共通して付けられる部首を、後の □ から1つずつ選んで漢字を書きましょう。 (1つ3点)

イ ・ 糸 ・ 意・言 ・ 中・立・音・言

③ 漢字を □（おぼ）える。

② 都市が □（さか）える。

① 中・立・音・言 （　　）

① 去・青・台・合 （　　）

3 送りがなに気をつけて、漢字と平がなで書きましょう。 (1つ3点)

① 実験を □（う）ける。

② 都市が □（さか）える。

③ 漢字を □（おぼ）える。

④ 考えを □（あらた）める。

110

1 ——の漢字の読みがなを書きましょう。 （一つ4点）

① 書類 を整理する。

② まじないの類 い。

③ 三面鏡 の前にすわる。

④ 湖が鏡 のようだ。

⑤ 駅の改札口。

⑥ トランプの絵札。

⑦ 花に養分 をあたえる。

⑧ 水泳で体力を養 う。

2 ①・②は反対、③・④はにた意味の言葉になるように、□に当てはまる漢字の読みを後の□から一つずつ選んで、漢字で書きましょう。 （一つ4点）

① 入学 ⟷ □業

② 失敗 ⟷ 成□

③ 期待 ― 希□

④ 短所 ― □点

じょう　ぼう　てん　けつ

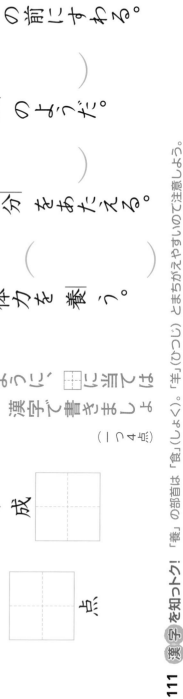

漢字を知ナトク! 「養」の部首は「食」(しょく)。「羊」(ひつじ) とまちがえやすいので注意しよう。

5　赤い部分は何画目に書きますか。数字で答えましょう。（1つ5点）

① 博　（　　）画目

② 極　（　　）画目

（1つ3点）

① 高　□

② 音　□

③ 書　□

④ 勝　□

⑤ 集　□

〔はい／へん／い／さん／に／てい〕

4

同じ意味の漢字を組み合わせた漢字の読み方と、反対の意味の漢字を組み合わせた後の□の読み方をひらがなで答えましょう。

例）大小　だいしょう　反対

③ 受話　□し
地　□く
会　□し

② 発　□ねが・れ
参　□せん
当　□しょう

① 迷　□めい
休　□きゅう
入　□にゅう

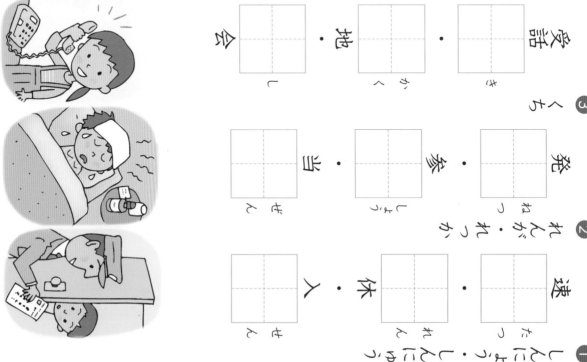

3　次の部首をもつ漢字を書きましょう。（1つ3点）

① 速　しんにょう・しんにゅう

② 発　れんが・れっか

③ 会話　くちへん

56

仕上げのテスト ③

月　日　●目標 15分

名前

点

1 ——の漢字の読みがなを書きましょう。　（一つ4点）

① はちの 巣 ができる。　（　　　）

② 単 じゅんな 作業。　（　　　）

③ 農夫 が畑をたがやす。　（　　　）

④ 失礼 なことを言う。　（　　　）

2 □の言葉と同じ読み方をする言葉を書きましょう。　（一つ4点）

① 電気 — テーブルの [　　] を読む。

② 校長 — [　　] なすぐり出し。

③ 大量 — 今年はさんまが [　　] だ。

3 同じ部分に注意して、漢字を書きましょう。　（一つ4点）

① [けん] 築く — [けん] 全

② [か] 実 — [か] 題

③ 器 [かん] — [かん] 土

④ 一 [びょう] — [びょう] 高

漢字を知っトク！「夫」には、「水夫」「農夫」などのように、働く人という意味もあるよ。

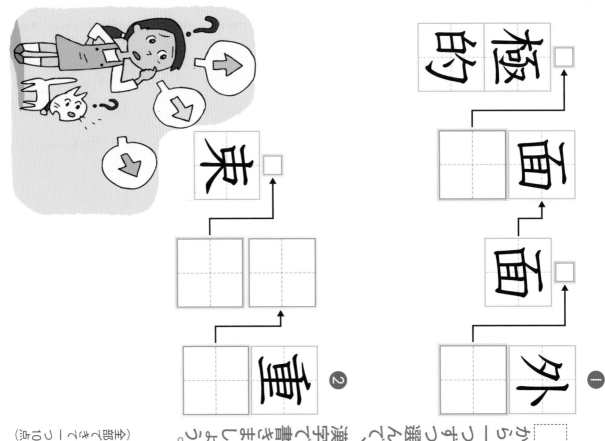

そ へ や
ほ
が わ
う よ
き せ
い う

⑤ 後の □ から漢字の読み方に当てはまる漢字を □ に書きましょう。（全部できて一つ10点）

① 外面 面 極的

② 重 束

漢字を知ラコツ！ 「働」と「動」、「必」と「心」、「束」と「東」のように字形のにている漢字に気をつけよう。

114

④ 送りがなが正しいものを選んで、記号を書きましょう。（一つ5点）

① 本屋で〔ア 働ら イ 働ら ウ 働く〕。　（　　　）

② 新説を〔ア 唱なえる イ 唱える ウ 唱る〕。　（　　　）

③ 〔ア 必ならず イ 必らず ウ 必ず〕勝つ。　（　　　）

④ 勉学に〔ア 努とめる イ 努める ウ 努る〕。　（　　　）

57

都道府県の漢字

1　●〜㉓の都道府県名を漢字で書きましょう。

◆の県名は特別な読み方です。

● ［ほっかいどう］

② ［おおもり］県

③ ［いわて］県

④ ◆［みやぎ］県

⑤ ［あきた］県

⑥ ［やまがた］県

⑦ ［ふくしま］県

⑧ ◆［いばらき］県

⑨ ［とちぎ］県

⑩ ［ぐんま］県

⑪ ［さいたま］県

⑫ ［ちば］県

⑬ ［とうきょうと］

⑭ ◆［かながわ］県

⑮ ［にいがた］県

⑯ ◆［とやま］県

⑰ ［いしかわ］県

⑱ ［ふくい］県

⑲ ［やまなし］県

⑳ ［ながの］県

㉑ ◆［ぎふ］県

㉒ ［しずおか］県

㉓ ［あいち］県

115　漢字を知ってトク！「君」が付く字には「郡」などがあり、「集まる」という意味と関係があるよ。

小学4年　漢字

漢字を知っトク！
動物の名前が入っている県名には、「ぐんま」、「とっとり」、「くまもと」、「かごしま」の４つがあるよ。

◆の県名は特別な読み方です。

㉔ み え 県
㉕ し が 県
㉖ きょう と ふ
㉗ おお さか ふ
㉘ ひょう ご 県
㉙ な ら 県
㉚ わ か やま 県
㉛ と っ とり 県 ◆
㉜ し ま ね 県
㉝ お か やま 県
㉞ ひろ し ま 県
㉟ や ま ぐ ち 県
㊱ と く し ま 県
㊲ か が わ 県
㊳ え ひ め 県
㊴ こう ち 県
㊵ ふ く おか 県
㊶ さ が 県
㊷ な が さ き 県
㊸ く ま もと 県
㊹ おお い た 県 ◆
㊺ み や ざ き 県
㊻ か ご し ま 県
㊼ お き な わ 県 ◆

1 三年生のふくしゅう 3・4ページ

1
①せかい ②おんど ③じゅうつ
④ぶてばこ ⑤しゅうごう
⑥しゃしん ⑦びょうどう
⑧てじな ⑨みどりいろ
⑩ちょうせい ⑪そそ
⑫れんしゅう ⑬ようふく・き
⑭かんそう・はこび

2
①問題 ②実力 ③病院
④畑仕事 ⑤安全 ⑥意味
⑦開ける ⑧温かい

3
①太陽 ②波 ③港
④島 ⑤湖

2 連・続・関・伝・達 5・6ページ

1
①連 ②連続 ③関 ④関 ⑤伝
⑥伝 ⑦達

2
①れんしょう ②ぞくしつ
③つづ ④でんごん ⑤つ
⑥せきしょ ⑦そこう
⑧かんしん

3
①関係 ②伝記 ③発達 ④関
⑤配達 ⑥連続 ⑦伝える
⑧連なる

3 結・果・要・必・然 7・8ページ

1
①結 ②結果 ③果 ④要
⑤必要 ⑥必 ⑦然

2
①かじつ ②よう ③てんねん

4 観・察・標・料・材 9・10ページ

（右段）
④れんけつ ⑤ひっし ⑥は
⑦かなめ ⑧ぜんぜん

3
①結 ②自然 ③結局 ④必要
⑤結果 ⑥要点 ⑦必ず
⑧果たす

1
①観 ②観察 ③察 ④標 ⑤料
⑥材料 ⑦材

2
①もくひょう ②りょう
③かんこう ④さっち
⑤がいかん ⑥だいざい
⑦ひょうじ ⑧りょうきん

3
①料理 ②観察 ③標本 ④材料
⑤目標 ⑥観客 ⑦考察 ⑧取材

5 信・望・念・希・願 11・12ページ

1
①信 ②望 ③望 ④念 ⑤希望
⑥願望 ⑦願

2
①しんねん ②のぞ ③じしん
④ねん ⑤じゅしん ⑥ぼうえん
⑦がんしょ ⑧きしぼう

3
①願望 ②念 ③有望 ④信号
⑤希望 ⑥記念 ⑦信 ⑧願う

6 かくにんテスト① 13・14ページ

1
①かんでん ②にっせつ ③き
④つう ⑤にゅうじょう
⑥だいぼう ⑦ねが・つた

⑦ 15・16ページ
利・害・熱・冷・加

☆1
①利 ②害 ③加 ④熱 ⑤冷 ⑥冷 ⑦加 ⑧利

2
①りよう ②ゆうがい ③あつい ④ひえる ⑤さむい ⑥ねつ ⑦かこう ⑧れいすい

3
①水害 ②利用 ③加工 ④熱 ⑤利害 ⑥冷 ⑦冷える ⑧冷たい

⑧ 17・18ページ
試・験・順・録・卒

☆1
①試 ②試 ③試 ④験 ⑤順 ⑥録 ⑦卒 ⑧順

2
①こころ ②しけん ③じゅん ④じゅん ⑤たしか ⑥みち ⑦じゅうしょ ⑧つうち

3
①試合 ②卒業 ③実験 ④試合 ⑤順番 ⑥記番 ⑦録音 ⑧試みる

3 でき
1
まちがえやすいかんじです。「じ」を「ち」と読まないように注意しましょう。⑥「察」は「サツ」と読む。

2
①じ ②ぞ ③のぞ ④かなら ⑤かり ⑥ひつ ⑦じょう ⑧じ

3
①標 ②材 ③伝わる ④信 ⑤関わる ⑥関連 ⑦平然 ⑧重要

4
①果たす ②標 ③関 ④むす ⑤食料 ⑥関知 ⑦続出 ⑧念願 ⑨食料 ⑩察知

⑨ 19・20ページ
好・祝・賀・笑・愛

☆1
①好 ②好 ③好 ④愛 ⑤祝 ⑥笑 ⑦賀 ⑧笑

2
①わら ②あいちゃく ③ねんがじょう ④このむ ⑤いわう ⑥このう ⑦すき ⑧いわい

3
①愛犬 ②友好 ③祝日 ④好 ⑤笑 ⑥祝賀会 ⑦祝う ⑧好む

⑩ 21・22ページ
成・功・失・敗・省

☆1
①成 ②成 ③功 ④失 ⑤省 ⑥敗 ⑦省 ⑧失

2
①はんせい ②せいこう ③しっぱい ④しっぱい ⑤しっぱい ⑥せいちょう ⑦はぶく

3
①成 ②功 ③成 ④失 ⑤省 ⑥功 ⑦失 ⑧敗れる

⑪ かくにんテスト2 23・24ページ
1
①ぞく ②せい ③はぶ ④こころ ⑤やぶ ⑥しっ ⑦じょう ⑧さむ ⑨す ⑩はぶ

2
①れい ②きょう ③かね ④いわ ⑤わら ⑥われ ⑦てっ ⑧ぞう ⑨すり

3
①試験 ②愛用 ③加 ④笑 ⑤順調 ⑥害 ⑦省 ⑧試食

4
①成功 ②好 ③愛 ④功 ⑤害 ⑥失敗 ⑦順 ⑧試食

2 ②「冷」の訓読みは、送りがなを手がかりに考えましょう。

12 案・種・類・例・印 25・26ページ

1 ①案 ②種 ③種類 ④例 ⑤例 ⑥印 ⑦印

2 ①めじるし ②れいだい ③じるし ④あん ⑤たと ⑥こん ⑦だぐ ⑧しゅし

3 ①種類 ②案内 ③種 ④矢印 ⑤答案 ⑥例文 ⑦印 ⑧例える

13 散・固・束・置・群 27・28ページ

1 ①散 ②固 ③固 ④束 ⑤置 ⑥置 ⑦群

2 ①ち ②けっそく ③かた ④ち ⑤む ⑥こゆう ⑦ぶんさん ⑧ぐんせい

3 ①束 ②配置 ③散歩 ④固定 ⑤置 ⑥群 ⑦束 ⑧固まる

14 残・折・変・付・積 29・30ページ

1 ①残 ②残 ③折 ④変 ⑤付 ⑥積 ⑦積

2 ①つ ②ざんしょ ③せっぱん ④つ ⑤おりおり ⑥へんしん ⑦せつ ⑧か

3 ①変化 ②付付 ③面積 ④右折 ⑤残念 ⑥付録 ⑦変わる ⑧残る

15 管・器・給・浴・鏡 31・32ページ

1 ①管 ②器 ③給 ④浴 ⑤浴 ⑥鏡 ⑦鏡

2 ①しょっき ②みずあ ③かんり ④じきゅうじそく ⑤きょうだい ⑥くだ ⑦よくしつ ⑧てかがみ

3 ①給食 ②鏡 ③海水浴 ④望遠鏡 ⑤血管 ⑥楽器 ⑦管 ⑧浴びる

16 かくにんテスト3 33・34ページ

1 ①ぶんるい ②かた ③たと ④めこあん ⑤どかん ⑥きんきん ⑦たね・しるし ⑧ぶきん・か

2 ①そく ②はなたば ③にゅうよく ④あ

3 ①給水 ②器用 ③積 ④固形 ⑤手鏡 ⑥置 ⑦変形 ⑧群 ⑨散らす ⑩折る

4 ①例 ②付 ③積 ④種

てびき
3 ⑥「直」と区別して書きましょう。
⑨部首の形に注意して書きましょう。
4 ③右側の横画の数に注意して書きましょう。

17 季・節・候・景・照 35・36ページ

1 ①季 ②季節 ③節 ④候 ⑤景 ⑥照 ⑦照

2 ①やけい ②せつぶん ③ひで ④こうけい ⑤じこう ⑥うき ⑦だいしょう ⑧ふし

119
小学4年 漢字

答え

18 37・38ページ

覚・説・辞・訓・唱

1 (1)覚 (2)覚 (3)説 (4)説 (5)辞 (6)唱 (7)覚 (8)書

2 (1)唱 (2)とな (3)おし (4)せつ (5)じ (6)み (7)とな (8)おぼ

3 (1)覚える (2)説明 (3)訓読 (4)感覚 (5)訓 (6)辞書 (7)唱える (8)辞

19 39・40ページ

完・無・不・未・欠

1 (1)完 (2)完 (3)無 (4)不 (5)未

2 (1)欠 (2)完 (3)無 (4)不 (5)未

3 (1)未来 (2)むけ (3)みち (4)ふ (5)けつ (6)かん (7)かんせい (8)けな

4 (1)完成 (2)未知 (3)欠点 (4)完全 (5)未来 (6)無理 (7)未 (8)欠ける

20 41・42ページ

共・協・求・労・働

1 (1)共 (2)共 (3)協 (4)求 (5)求 (6)労働 (7)働

2 (1)はたら (2)へ (3)くろう (4)きょう (5)きょう (6)とも (7)きょう (8)もと

3 (1)共通 (2)共 (3)苦労 (4)協定 (5)要求 (6)求める (7)働く (8)労働

21 かくにんテスト4 43・44ページ

1 (1)め (2)はたら (3)とも (4)きょう (5)じ (6)きょう (7)かんせい (8)け

2 (1)かんぺき (2)おぼ (3)とな (4)かんく (5)きゅう (6)せつめい (7)きょうどう (8)みじゅく

3 (1)説 (2)天候 (3)不 (4)か (5)無 (6)不 (7)共 (8)天

4 (1)求める (2)唱える (3)節 (4)照 (5)無候 (6)共感 (7)辞 (8)無訓 (9)愛想 (10)感想

22 45・46ページ

周辺・側・末・底

1 (1)周 (2)周辺 (3)周辺 (4)末 (5)側

2 (1)そ (2)とし (3)そこ (4)がわ (5)すえ (6)たい (7)ゆ (8)まわ

3 (1)周辺 (2)側面 (3)周辺 (4)辺 (5)周辺 (6)右側 (7)周辺 (8)海底

23 47・48ページ

治・選・議・票・挙

1 (1)治 (2)治 (3)選 (4)選 (5)議 (6)票 (7)選挙

てびき

3 (7)「辞」を「事」と書かないようにしましょう。

2
①きょしゅ ②とうせん ③じ
④ぎだい ⑤ひょうすう ⑥なお
⑦ぎちょう ⑧きょしき

3
①選手 ②治安 ③選挙 ④投票
⑤選 ⑥会議 ⑦挙げる
⑧治める

24 便・飛・席・英・輪　49・50ページ
1 ①便 ②便 ③飛 ④席 ⑤英
⑥輪 ⑦輪
2 ①えいこく ②びん ③こうりん
④うんてんせき ⑤ひら
⑥ぶん ⑦と ⑧わ
3 ①便利 ②出席 ③英語 ④便
⑤指輪 ⑥英会話 ⑦年輪
⑧飛ばす

25 芸・徳・香・典・博　51・52ページ
1 ①芸 ②徳 ③香 ④香 ⑤典
⑥典 ⑦博
2 ①がくげいかい ②はくあい
③じんとく ④てん
⑤こうげいひん ⑥はく
⑦かお ⑧じきてん
3 ①博学 ②辞典 ③園芸 ④香
⑤徳用品 ⑥古典 ⑦博物館
⑧香る

26 かくにんテスト⑤　53・54ページ
1 ①えいご ②しゅぎ ③ち
④すえ ⑤しゅうくん
⑥か ⑦じてん ⑧ゆびわ

⑨せんきょ・かひょう
2 ①べんり ②たよ ③そくめん
④みぎがわ
3 ①観客席 ②博物館 ③岸辺
④底力 ⑤道徳 ⑥治 ⑦飛
⑧不思議 ⑨香り ⑩選ぶ
4 ①未 ②末 ③周 ④週

てびき
3 ⑦筆順に注意しましょう。
4 ①・②「末」は上、「未」は下の横
画を長く書きます。
③・④「周」の部分のはらうことは ね
に気をつけましょう。

27 量・富・貨・札・借　55・56ページ
1 ①量 ②富 ③富 ④貨 ⑤札
⑥借 ⑦借
2 ①ひょうじ ②か ③はか
④かもつ ⑤しゃくよう
⑥つうか ⑦うりょう ⑧ふ
3 ①富 ②大量 ③金貨 ④富
⑤名札 ⑥借家 ⑦量る
⑧借りる

28 最・低・初・差・仲　57・58ページ
1 ①最 ②低 ③低 ④最初 ⑤差
⑥差 ⑦仲
2 ①さいしん ②てんき ③なか
④ていおん ⑤はじ ⑥もっと
⑦ひく ⑧しょにち
3 ①仲間 ②最初 ③低下
④最高 ⑤交差点 ⑥初雪
⑦低い ⑧差す

29 特別・良・極・努　59・60ページ

1
①特別　②良　③極　④良　⑤努　⑥特別　⑦努

2
①とくべつ　②りょう　③きょく　④どりょく　⑤よ（い）　⑥つと（める）　⑦なんきょく

3
①特別　②良　③極　④努力　⑤良　⑥別　⑦南極　⑧努める

30 各・的・以・昨・課　61・62ページ

1
①各　②的　③的　④以　⑤昨

2
①かく　②てき　③もくてき　④かく　⑤いか　⑥かだい　⑦こっか　⑧さくじつ

3
①課題　②目的　③各国　④以下　⑤昨日　⑥以内　⑦各自　⑧放課後

31 かくにんテスト6　63・64ページ

1（読み）
①さいこう　②べつ　③てきちゅう　④へいきん　⑤ねん　⑥よ　⑦しょう　⑧とくてい　⑨はじ

2（読み）
①さくねん　②くべつ　③てき　④もくてき　⑤さくじつ

3
①さいこう　②しょう　③もくてき　④せんそう　⑤にっか　⑥いか　⑦こくない　⑧だい

4（漢字を書く）
①昨年　②区別　③以上　④昨　⑤最大　⑥各自　⑦積極的　⑧大差　⑨借りる　⑩量る
（②良　③費　④課　努める　皇）

32 約・単・位・億・兆　65・66ページ

1
①約　②約　③約　④単　⑤位

2
①やく　②たんご　③くらい　④おくまん　⑤ちょう　⑥いち　⑦たんじゅん　⑧やくそく

3
①単調　②約　③約　④前兆　⑤億円　⑥位置　⑦単語　⑧約束

33 産・健・康・静　67・68ページ

1
①産　②産　③産　④健　⑤静

2
①さん　②けんこう　③しずか　④しずめる　⑤せいし　⑥しん　⑦せい　⑧さんぎょう

3
①産業　②健康　③名産（産地）　④静止　⑤健　⑥静　⑦静める　⑧安静

34 法・民・改・令・臣　69・70ページ

1
①法　②法　③民　④改　⑤改　⑥令　⑦臣

2
①ほう　②みん　③かい（める）　④れい　⑤しん　⑥めい　⑦…

3（て・び）

4
③
④ ポイント：「資」の上の部分を「次」と書かないようにしましょう。「貝」の左側を「目」と書かないようにしましょう。

②
①かこきょう ②さほう
③しみん ④あらた ⑤しれい
⑥みんぞく ⑦しほう
⑧じゅうしん

③
①方法 ②民話 ③文法 ④号令
⑤大臣 ⑥改良 ⑦国民 ⑧改める

---

35 刷・機・械・灯・径 71・72ページ

1
①刷 ②刷 ③機 ④機械
⑤灯 ⑥灯 ⑦径

2
①とうゆ ②はんけい
③さっしん ④でんとう
⑤きかい ⑥す ⑦きかい
⑧がいけい

3
①機械 ②印刷 ③灯台
④飛行機 ⑤直径 ⑥機関車
⑦消灯 ⑧刷る

---

36 かくにんテスト7 73・74ページ

1
①けいこう ②せんちょう
③はんけい ④がしん
⑤よやく ⑥きかんしゃ
⑦ほうほう・こんせい
⑧きかい・でんとう

2
①こちら ②くらい
③めいれいひん ④う

3
①市民 ②要約 ③作法 ④安静
⑤一億 ⑥改正 ⑦単 ⑧命令
⑨刷る ⑩改める

4
①億 ②健 ③械 ④機

てびき
1 ④「いぼ」は、「臣」は「じん」とは読みません。

4
②「健」を「建」と書かないようにしましょう。
③「械」も④「機」も、最後に書く点をわすれないようにしましょう。

---

37 包・帯・衣・旗・縄 75・76ページ

1
①包 ②包帯 ③帯 ④衣 ⑤旗
⑥旗 ⑦縄

2
①はた ②はく
③ねったいぎょ ④なわ
⑤ほう ⑥おび
⑦こしょくじゅう ⑧いふく

3
①衣服 ②包帯 ③旗手
④包丁 ⑤旗 ⑥縄 ⑦包む
⑧帯びる

---

38 陸・沖・潟・漁・井 77・78ページ

1
①陸 ②陸 ③沖 ④潟 ⑤漁
⑥漁 ⑦井

2
①たいりょう ②りくち
③おきあい ④い ⑤ぎょぎょう
⑥がた ⑦じょうりく
⑧ぎょこう

3
①漁船 ②大陸 ③沖縄 ④漁
⑤着陸 ⑥井戸 ⑦新潟 ⑧漁村

---

39 満・清・浅・泣 79・80ページ

1
①満 ②満 ③清 ④清 ⑤清
⑥浅 ⑦泣

2
①あさ ②まんてん
③せいりゅう ④まんいん
⑤きよ ⑥み ⑦あさ ⑧な

右上 囲み:

③
「浅」の右側の横画は三本です。

③ てびき
①「那」を「群」と書かないように。

40 81・82ページ
府・那・氏・官・司

① ①府 ②司 ③那 ④氏 ⑤司 ⑥官
② ①しかん ②こおり ③みんぞく ④ぐんちょう ⑤めいし ⑥じょうし ⑦じんじゃ ⑧くんしょう
③ ①郡 ②京都府 ③府 ④司会 ⑤外交官 ⑥数官 ⑦都道府県 ⑧上司

③ ①浅 ②満足 ③清 ④満 ⑤清書 ⑥清 ⑦清 ⑧清
（下部）⑤清書 ⑥清 ⑦満ち ⑧満める

41 83・84ページ
かくにんテスト8

① ①じょう ②はつひ ③なわ ④おび ⑤がっこ ⑥はたけ ⑦がいこう ⑧たより ⑨こうし
② ①せんたん ②しゃしん ③ぶんべつ ④はいけん ⑤きねん ⑥しょうたい ⑦きかい ⑧おっと ⑨したまち
③ ①静 ②府立 ③満たす ④浅 ⑤清 ⑥郡 ⑦器官 ⑧帯 ⑨司 ⑩満
④ ①清 ②静か ③司 ④氏 ⑤府 ⑥部 ⑦辺 ⑧自衛 ⑩陸上

42 85・86ページ
競・参・勇・副・佐

① ①競 ②参 ③勇 ④男 ⑤勇
② ①さんか ②ふくぎょう ③きょうそう ④ゆうき ⑤へいさ ⑥きょうば ⑦さいしゅ ⑧ふくしゃ
③ ①勇気 ②参考 ③競走 ④副 ⑤勇 ⑥佐 ⑦競馬 ⑧参る ④副社長

43 87・88ページ
栄・養・飯・塩・焼

① ①栄 ②塩 ③飯 ④飯 ⑤塩
② ①せきはん ②えいよう ③きんぎょ ④はんしゃ ⑤きゅうしょく ⑥こしょう ⑦やしない ⑧えこう
③ ①塩水 ②やきいも ③昼飯 ④食塩 ⑤栄養 ⑥栄養 ⑦養う ⑧栄える

44 89・90ページ
戦・軍・争・隊・兵

① ①戦 ②軍隊 ③戦 ④軍 ⑤戦争
② ①せんそう ②たたかう ③へいたい ④しんぐん ⑤たいせん ⑥たたかい ⑦兵隊 ⑧せんし
③ ①隊 ②作戦 ③軍人 ④競う ⑤隊列 ⑥作戦 ⑦戦う ⑧競争

124

45 かくにんテスト⑨ 91・92ページ

1 ①さか ②ひょう
③しおみず(えんすい)
④ぐんたい ⑤たいせん
⑥やしな ⑦きょうそう・さんか
⑧だいか・ゆう

2 ①はん ②ひるめし ③そうてん
④あらそ

3 ①参照 ②塩分 ③養分 ④佐賀
⑤戦争 ⑥競 ⑦勇 ⑧軍歌
⑨参る ⑩焼ける

4 ①副 ②福 ③兵 ④平

てびき
3 ③「養」の筆順に注意しましょう。
4 ①・②同じ部分のある漢字です。

46 建・巣・城・倉・街 93・94ページ

1 ①建 ②建 ③巣 ④城 ⑤倉
⑥倉 ⑦街

2 ①そうこ ②けんいく
③しろ ④すだ ⑤じょうかまち
⑥たてもの ⑦こめぐら
⑧しがいち

3 ①建 ②街角 ③巣 ④城門
⑤倉 ⑥城 ⑦街灯 ⑧建てる

47 夫・児・徒・老・孫 95・96ページ

1 ①夫 ②児 ③徒 ④老 ⑤老
⑥孫 ⑦孫

2 ①とほ ②えじ ③ろうか
④ともしょう ⑤としお
⑥まご ⑦きょう ⑧じどうしゃ

3 ①児童 ②農夫 ③生徒 ④初孫
⑤夫 ⑥老人 ⑦子孫 ⑧老いる

48 松・菜・梅・芽・牧 97・98ページ

1 ①松 ②菜 ③菜 ④梅 ⑤芽
⑥芽 ⑦牧

2 ①うめしゅ ②ぼくそう
③しょうちくばい ④めば
⑤ゆうぼくみん ⑥さいえん
⑦ばこう ⑧おおな

3 ①発芽 ②野菜 ③梅園 ④菜
⑤梅 ⑥新芽 ⑦松林 ⑧牧場

49 かくにんテスト⑩ 99・100ページ

1 ①じょうもん ②しそん
③くら ④す ⑤な
⑥まちお ⑦おとこ・けん
⑧まつ・ろうぼく

2 ①ばこえん ②うめ ③はつが
④しんめ

3 ①放牧 ②倉庫 ③児童
④孫 ⑤宮城 ⑥徒競走
⑦商店街 ⑧松 ⑨建つ
⑩老いる

4 ①府 ②夫 ③菜 ④祭

てびき
3 ⑤「城」は右上の点をわすれないようにしましょう。
⑨「建」の二画目は右につき出して書きましょう。
4 ④字形のにている「察」とまちがえないようにしましょう。

50　熊・媛・茨・栃・梨　101・102ページ

☆1
(一)梨　(2)栃（栃）　(3)熊　(4)（茨）　(5)媛

☆2
(一)くまもと　(2)えひめ　(3)いばらき　(4)とちぎ　(5)なし　(6)やまなし　(7)いばらき　(8)とちぎ

☆3
(7)（茨）　(4)梨　(1)くまもと
(8)茨城　(5)（栃）木　(2)（栃）
(6)山梨　(3)愛媛

51　鹿・岐・滋・岡　103・104ページ

☆1
(一)岡　(2)鹿　(3)岐　(4)滋

☆2
(一)おかやま　(2)ぎふ　(3)かごしま　(4)しが　(5)しずおか　(6)おかやま　(7)しが

☆3
(7)岡　(4)岐阜　(1)かごしま
(8)鹿児島　(5)静岡　(2)福岡
(6)岐阜　(3)滋賀

52　埼・奈・阪　105・106ページ

☆1
(一)奈　(2)埼　(3)阪　(4)奈

☆2
(一)なら　(2)さいたま　(3)おおさか　(4)ながさき　(5)さいたま　(6)ながさき　(7)なら

☆3
(7)長崎　(4)埼玉　(1)さいたま
(8)渋谷　(5)神奈川　(2)大阪
(6)奈良　(3)奈良

53　かくにんテスト11　107・108ページ

☆1
(1)こ　(2)はなし　(3)なが　(4)みさき　(5)おおさか　(6)かごしま

☆2
(1)なら　(2)おか　(3)しが　(4)なが　(5)おおさか　(6)くまもと　(7)くまもと　(8)なら

☆3
(1)栃　(2)奈良　(3)熊本　(4)（茨）
(5)大阪　(6)滋賀　(7)岐阜　(8)岐阜
(9)鹿児島　(10)岡山

☆4
(1)埼　(2)崎　(3)梨　(4)利

54　まとめテスト1　109・110ページ

☆1
(1)て　(2)び　(3)き

☆2
(一)・(2)

☆4
(一)・(2)

[説明文]
「り」「(イ)ソ」「(ン)」・・・が部首です。②「木(キ)へん」は部首が右側にあり、「利」「(と)」・・・は部首です。「梨」「(キ)」は・・・です。

4
(5)辻　(6)観　(7)鳴　(8)
(1)不　(2)　(3)暑　(4)熟
(5)完

5
(一)ジ　(2)イ

3
(一)試み　(5)願い
(2)栄える　(6)省みる
(3)覚える
(4)改める

2
(一)共　(7)れい
(2)品種　(8)りょう
(3)特色　
(4)配給
(5)はじ　(6)しょう

55 仕上げのテスト2 111・112ページ

1 ①しまるこ ②たぐ ③さんめんきょう ④かがみ ⑤かんさつぐち ⑥えぶだ ⑦ようぶん ⑧やしな

2 ①卒 ②功 ③望 ④欠

3 ①達・速・選 ②熱・照・然 ③器・各・司

4 ①低 ②訓 ③利 ④敗 ⑤散

5 ①9 ②6

56 仕上げのテスト3 113・114ページ

1 ①す ②たん ③のうぶ ④しっけい

2 ①伝記 ②好調 ③大漁

3 ①建・健 ②果・課 ③官・管 ④票・標

4 ①ウ ②イ ③ウ ④イ

5 ①側・積 ②要・要約

57 都道府県の漢字 115・116ページ

1 ①北海道 ②青森 ③岩手 ④宮城 ⑤秋田 ⑥山形 ⑦福島 ⑧茨(茨)城 ⑨栃(栃)木 ⑩群馬 ⑪埼玉 ⑫千葉 ⑬東京都 ⑭神奈川 ⑮新潟 ⑯富山 ⑰石川 ⑱福井 ⑲山梨 ⑳長野 ㉑岐阜 ㉒静岡 ㉓愛知

2 ㉔三重 ㉕滋賀 ㉖京都府 ㉗大阪府 ㉘兵庫 ㉙奈良 ㉚和歌山 ㉛鳥取 ㉜島根 ㉝岡山 ㉞広島 ㉟山口 ㊱徳島 ㊲香川 ㊳愛媛 ㊴高知 ㊵福岡 ㊶佐賀 ㊷長崎 ㊸熊本 ㊹大分 ㊺宮崎 ㊻鹿児島 ㊼沖縄

9　D
8　C
7　B
6　A
5
4

2

しょう。
㉗「ン」だ「重」を「え」のように
書きまちがえが「重二」や「重ン」重
がえに「取鳥」㉛「重」と読む熟語には
ます㊹「大坂」「ら」へ「重二」

⑮新潟
府」、㉑岐阜府などと書きま
ちがえ「坂」を「阪」と読むとし
㉔「へん」大坂府「重」の「ニ」を「エ」に